进入不可能

天才物理学家的软技能
JINRU BU KENENG: TIANCAI WULIXUEJIA DE RUAN JINENG

［美］布莱恩·基廷（Brian Keating）著

张 枫 译

中国出版集团
中译出版社

图书在版编目（CIP）数据

进入不可能：天才物理学家的软技能 /（美）布莱恩·基廷著；张枫译. --北京：中译出版社，2023.2
书名原文：Into the Impossible：Think Like a Nobel Prize Winner
ISBN 978-7-5001-7260-4

Ⅰ.①进… Ⅱ.①布… ②张… Ⅲ.①诺贝尔物理学奖-物理学家-访问记-世界 Ⅳ.①K816.11

中国版本图书馆CIP数据核字（2023）第007717号

Into the Impossible © 2021 Brian Keating.
Original English language edition published by Scribe Media, Texas, USA.
Arranged via Licensor's Agent: DropCap Inc. All rights reserved.
Simplified Chinese translation copyright © 2022 by China Translation and Publishing House.
All rights reserved.
著作权合同登记号：图字01-2022-3890

出版发行：	中译出版社
地　　址：	北京市西城区新街口外大街28号普天德胜大厦主楼 4 层
电　　话：	（010）68359101（发行部）；68359287（编辑部）
邮　　编：	100088
电子邮箱：	book@ctph.com.cn
网　　址：	http://www.ctph.com.cn
责任编辑：	李焕华
文字编辑：	张　斐
营销编辑：	李佩洋
封面设计：	王梦珂
排　　版：	北京中文天地文化艺术有限公司
印　　刷：	山东临沂新华印刷物流集团有限责任公司
经　　销：	新华书店
规　　格：	900mm×1270mm 1/32
印　　张：	5.875
字　　数：	120千字
版　　次：	2023年2月第1版
印　　次：	2023年2月第1次

ISBN 978-7-5001-7260-4　　　　定价：59.00元

版权所有　侵权必究
中译出版社

献给我的家人；献给我的无垠宇宙。

推荐序一

巴里·巴里什：好奇害死猫，但害不了科学家

布莱恩·基廷在书中描写的九位科学家除了都获得过诺贝尔奖，还有什么共同之处呢？最耐人寻味的莫过于永无止境的好奇心。几位科学家在接受访谈时，都以这样或那样的方式，诉说着好奇心才是探索物理世界的动力。功勋卓著的他们无一不是在好奇心的强烈驱使下，探寻不知道和不可知的内容。通过基廷抽丝剥茧般的访谈，加之他真诚而颇有趣味的回应和解释，几位科学家在推动科学前沿突破时的种种优势、劣势和方法都展现得淋漓尽致。

本书虽短，大家读的时候可别跳过短小风趣的《写在书中：科学方法》这一篇短文。基廷为何创作这部分不得而知，但其意义实在重大。日常生活中充斥着"另类事实"和"假

新闻"。亚里士多德教我们如何通过归纳推理和演绎推理推动知识进步，伽利略将实验作为一项研究手段引入科学研究。后来，牛顿在《自然哲学的数学原理》中写下四条推理原则，确立了科学方法。如今，我们凭借统计推断，确立对实验结论的信心，确立基廷强调的共识。这些原则也要用在确立社会问题的真相当中，比如全球变暖、新冠疫苗的有效性和风险性等。

最后，我想以一家之言作结。理解科学已经够难了，理解科学家更是难上加难。本身是一名优秀科学家的基廷，还能对其他科学家有深入的认识，他值得我们所有人的掌声。

巴里·巴里什（Barry Barish）
加州理工学院林德物理学荣誉退休教授
加州大学河滨分校教师
荣获 2017 年度诺贝尔物理学奖

推荐序二

詹姆斯·阿尔图切尔:"选择你自己"而"跳线"①

1991年读研被学校轰出来的时候,我怎么也不会想到三十年后的同一天,我在给一本介绍诺贝尔奖得主的书撰写前言。

写这个前言我自认为还不够资格。我并不是一辈子都在探索人类知识前沿的奥秘。此时此刻,我觉得自己有点儿冒充者综合征②。

---

① "选择你自己"而"跳线":《选择你自己》与《跳线》均为詹姆斯·阿尔图切尔的著作名称。"跳线"指的是打破一万小时定律,用较短时间在某一领域达到精通水平。(译者注)
② 冒充者综合征:一种心理现象,尽管按照外界标准已经取得了成功,但是本人却怀疑自身能力,感觉自己是在欺骗他人,害怕被当成骗子。(译者注)

进入不可能：天才物理学家的软技能

甚至我都没有像物理学家或者化学家那样认准一行干到底，我的赛道变个不停。我当过企业老板、讲过脱口秀、写过一些书，还主持过播客。

在主持播客和写书的过程当中，我访谈过一千多人，他们比我聪明，比我成功，还比我有才。主持播客有什么好处呢？好处就是可以连线才华横溢的科学家、世界象棋冠军、数一数二的运动员、妙笔生花的作家，然后想问什么就问什么。

我好比一只"吸血鬼"，专门吸食嘉宾的养分。访谈完基廷这样的人，顿觉自己也聪明了不少，好像不仅望穿太空不在话下，连蒙着面纱的宇宙奥秘我也能一眼看穿。不过这种感觉没一会儿便荡然无存，天文学又变回了占星术。

说说我的工作都做些什么吧。首先我要对在我看来最为成功的人士进行访谈，不论是写作、象棋，还是物理学、医学，他们都是各自领域的世界冠军。之后要对"是什么让你有如此的成就"进行阐释，以便读者能从中学习，说不定我争取来的知识还能让读者们的事业更上一层楼。

等一下，别当真了。我必须得承认其实我不太关心听众怎么样。自私的我访谈嘉宾肯定有自己的算盘。我想让自己更聪明、更优秀、更快、更健康。或许我能像划火柴一样，划过嘉宾的大脑，点燃自己在星球上的微光。

嘉宾做什么我也想做什么。做物理学家，做斩获格莱美奖的词曲创作家，做畅销书作家（多谢啦，朱迪·布鲁姆）。

基廷对我很是包容。少说有四次，我追问他关于物理大统一理论的不同观点。他笑了笑，我们的谈话继续。所谈内容有宇宙起源这类话题，别的问题也有，像"我们为什么在这里""有上帝吗"，以及"有没有什么东西超越了我们有限的认知？虽说这些认知不知道有啥意义"。哈哈，连这个都谈！

物理学家是人类的哲学家，他们透过望远镜，试着化荒诞为有序。其实物理学家才最荒诞，绞尽脑汁想在初看起来（看再多次也一样）似乎毫无意义的宇宙中找寻出些许意义。其实物理学家越把世界当作荒诞的对待，越有可能在各自的领域出类拔萃。旁人纷纷往右走的时候坚持向左走的人，会发现自己进入了一片全新的天地。

基廷这只吸血鬼比我更厉害。

他用我能听得懂的语言,用人人都能听得懂的语言将天才的习惯娓娓道来。当世上第一个有新想法的人是什么感觉?之后再如何把这些想法变成实实在在的东西。

说来也怪,基廷从没拿过诺贝尔奖,但愿有一天他能拿到。不过不重要,诺贝尔奖意味着什么,谁也没法给出肯定的答案。

有句老掉牙的话是这么说的,"重要的是过程,不是结果"。我之所以能感受到这句话的强大力量,多亏读到了基廷的访谈对象是如何一个个用自己的独特方式经历"过程"的。生命的每一时刻、每次发问,甚至每次挫折(挫折很多,好在很少人被学校轰出来过)都让这些榜样在各自的"过程"中越走越远。

去向何方?这些科学家的目的地在哪?都不重要。他们似乎也不关心,唯独知道自己是在往前走,在努力做。

在多次与基廷交谈的过程中,我明白了一个道理,科学研究不是要知道答案,而是要问对问题。这话听上去还是老生常谈。也许不是要问对问题,而是要问前人都没有问过的问题。即便问"错"了也没有关系,继续问便是。

基廷向书中的诺贝尔奖得主抛出了恰当的问题,得到了恰当的答案,然后解释给像我这样的读者听。

读了这本书我的脑子会更聪明吗?我可以拍着胸脯,略带点儿邓宁-克鲁格效应[①]地说,答案是肯定的。没错,会更聪明。

詹姆斯·阿尔图切尔(James Altucher)

"詹姆斯·阿尔图切尔秀"主持人

著有畅销书《选择你自己》

---

① 邓宁-克鲁格效应:一种认知偏差,能力不足的人高估自己能力的现象。(译者注)

译者序

时光飞逝,不知不觉间本书的翻译工作已接近尾声。之前还在为熬夜查找资料神伤不已,可一想到朝夕相处数月的译稿即将完结,心中难免不舍,但转念一想,这份浸润着自己汗水的译作即将与广大读者见面,更多的还是欣喜与期待。

我在本科期间攻读理学学士学位,研究生期间攻读翻译硕士,跨学科的学习经历让我对文理学科皆有浓厚的兴趣。我希望能用自己的语言优势,架起中外理学沟通的桥梁。当中译出版社邀约翻译 Into the Impossible 一书时,我便欣然接受。随手翻阅数页,我就被其宏大的格局所吸引。书中有成功观测引力波的科学家,有宇宙加速膨胀的发现者,他们一个个不囿于凡尘琐事,而是着眼人类,甚至超脱地球,窥探宇宙,身体力行地诠释着诺贝尔奖的意义。更为可贵的是,他们不仅有"高大上"的一面,更有"接地气"的一面。正

02 | 进入不可能：天才物理学家的软技能

如每章"既是天才，也是凡人"版块所介绍的，即便是才华横溢、获奖无数的科学家也会有和普通人一样的困扰。平心而论，这一点对我的启发很大。之前觉得诺贝尔奖得主代表了人类文明的最高成就，仿若天空中璀璨耀眼的明星，可望而不可即。但他们其实既是"仰望星空的人"，又是芸芸众生中的一员。

对于翻译，我一直怀有敬畏之心，不敢有丝毫怠慢，生怕作者的良苦用心被我辜负。布莱恩·基廷历时数年沟通采访的九位诺贝尔奖得主，其中不少已经年过花甲，个别已入耄耋之年，因此原书的创作实属不易。作为译者，我力求最大程度突破语言壁垒，将科学家们的心路历程和谆谆教诲真实准确地呈现出来，以飨读者。这一过程自然少不了困难与挑战。例如，英语中代词（他、她、它等）的使用频率很高，访谈当中更是如此，我依据中文习惯将其转化为具体的名词。有时为了确定某个代词所指为何人何物，常常废寝忘食地翻看访谈视频、查询书籍文献。其中有苦有累，但一番查找下来，我能接触到各个领域顶尖专家的研究成果，不入深山即能窥见宝藏，这对译者来说是多么宝贵的财富啊。

此次承蒙出版社不弃，我能有幸翻译此书。在此，想向中译出版社的李焕华编辑表示衷心的感谢，漫漫翻译之路多亏了您的指点和鼓励，我才得以坚持下来。同时，也向中译出版社张旭编辑的引荐表达诚挚的谢意。

感谢首都师范大学刘良玉副教授在本科期间对我亦师亦友的帮助，让我在学习理科专业的同时没有放弃对英语的热爱。

借此机会，我想向一直爱我、支持我的父母和姐姐表达深深的谢意。在学习和生活上，你们一直是我坚强的后盾，让我无论是在翻译还是其他领域，都能信心满满地迎接挑战，破浪前行。谨以此书，献给我的家人。

鉴于水平有限，拙译的不足之处，恳请读者不吝赐教。

张 枫

二〇二二年十一月

于北京语言大学

目录
Contents

绪 论 ……………………………… 01

第一章
亚当·里斯：仰望星空的人………… 17

第二章
雷纳·韦斯：修补匠………………… 33

第三章
谢尔登·格拉肖：成核剂…………… 51

第四章
卡尔·韦曼：师者之师……………… 69

第五章
　　罗杰·彭罗斯：装着奇点的超强大脑 …… 83

第六章
　　邓肯·霍尔丹：炼金术士…………… 95

第七章
　　弗兰克·维尔切克：与美为伴的科学家 … 105

第八章
　　约翰·马瑟：合作大师…………… 123

第九章
　　巴里·巴里什：慈祥的长者………… 141

总　结 ………………………… 157
致　谢 ………………………… 163
作者简介 ……………………… 167

绪 论

    发现可能性极限的唯一方法是冒险越过极限,进入不可能。

        ——亚瑟·查理斯·克拉克(Arthur C. Clarke)

    巴里·巴里什是2017年度诺贝尔奖得主,当他和我说他曾受到过冒充者综合征困扰时,我后脑勺的汗毛都竖了起来。巴里什有着科学家、父亲、普通人等多重身份,对我的生活和事业影响极深。我怎么也不敢相信,强大如他也有如此平凡的一面。巴里什和我一样,有时缺乏安全感。我每次讲课的时候,脑海深处不禁嘀咕,我真的有资格为人师表吗?我的数学总是很吃力,物理也没得心应手过。我能走到今天是因为有热情,有好奇心,不是因为大学入学考试很亮眼。社会仰慕天才,天才可能是你,但绝不是我。

02 | 进入不可能：天才物理学家的软技能

冒充者综合征一直困扰着我。谁知巴里什也一样，即便诺贝尔奖这一物理学界与全社会都最敬仰的奖项已经到手，但他仍受困扰，想到这里我心里就好受多了。如果巴里什拿自己跟爱因斯坦相比没有安全感的话，我会这么宽慰他："爱因斯坦在牛顿面前也会甘拜下风，他评价牛顿'……决定了西方的思想、研究与实践的进程，前无古人，后无来者。'那牛顿要找谁比才会落得下风呢？恐怕只有万能的主了吧！"

其实，冒充者综合征这种觉得自己"名不副实"的现象十分正常，甚至是有益的。正因为如此，人们不可能将其克服，将其击败，其实也没必要这么做。我们能做的是通过理解和接受的方式去合理应对。听了巴里什的经历，我决定就这么做，并且希望这些道理能传播开来，其他人也能更好地应对。这便是我创作此书的初衷。

《进入不可能：天才物理学家的软技能》不是一本物理书，不是给胸怀抱负的诺贝尔奖得主、数学家以及一门心思搞研究的人准备的，而是专为除科学家之外的人所写，这些人因为日常生活的条条框框，有时会忽略人类可以探索宏大的课题。最重要的一点，我希望能使科学通俗易懂，展现科研泰斗的研究历程，让读者能悟出一些共通的道理，增强读者的创造力和想象力，同时帮助读者化解冒充者综合征这类阻碍，让读者解锁潜能，一展宏图。

虽说本书不是为物理学家而写，但聚焦的人物均为物理学家，不妨思考一下为什么他们是我们的楷模。物理学家堪称思想上的瑞士军刀，大脑中的海豹第六特种部队。我们生活在不确定当中，我们活着就是为了解决问题。

我们不是最优秀的数学家（问问真正的数学家就知道了），不是最优秀的工程师，也不是最优秀的作家、演说家、沟通者，但书中的物理学家却能将这些天差地别的工作同时做好，我想除此之外很少有人能够做到。因此物理学家值得我们去倾听和学习。我从中便学到了不少。

书中的每个人都平衡了合作与竞争的关系。所有的科学家都是站在大名鼎鼎的巨人的肩膀上。当然，某些意义重大的灵感，的确在某一时刻眷顾了某一个人，为其方程式注入了魔力。

什么时候倾听,什么时候发言需要讲究技巧,不可能做到既听又说。什么时候聚焦,什么时候撒网?怎样让知识既有广度,又有深度?这些挑战是我们要面对的,但书中的科学家却能做到游刃有余。不论是科学家还是销售员,都要"精准定位"需要解决的问题。(总不能想着每种车型都卖吧!)

本书写给每一位身处平凡,又向往伟大的人,他们既要在各行各业中日复一日地忙碌奔波,又希望在自己的事业或生活中取得不俗的成就。我想剖析社会上一些最为优秀,最为聪明之人的心理习惯,让其智慧惠及广大读者,同时希望告诉读者,这些大人物和你我一样,也会为该不该妥协拿不定主意,也会为求完美和自己较劲。同样他们总是盼着能有一番作为,那我们为什么不可以有所期待呢?

学习世上最聪明之人的习惯策略,你就能明白有哪些相通的道理可以用在生活当中。即便他们的研究和你的日常生活相去甚远,堪比黑洞之于夸克也没有关系。说实话,我虽然是一名物理学家,但是书中多数物理学家的研究跟我平时的研究关系不大。即便这样,在彼此都熟悉的话题上,我仍旧收获颇丰。书中囊括了经久不衰的人生经验,想要获得成功钥匙的人都能从中受益!

缘起

在进行书中访谈的过程中,一个主题凸显了出来,那就是教与学的关系。在俄语中,"科学家"所对应的单词意义是"被教的人"。如果我们被教了,那我们就有义务去教别人。不过有一个悖论:想当一名好教师,得当一名好学生。要想教得好,得知道人们是怎么学的。学不仅仅是在学习中学,还要在教学中学。从这个角度讲,我写这本书有私心:我把从几位获奖者身上学到的知识全都分享出来,为的是自己能够学得更牢固。但大体来说,我还是把本书看作教育工作者职责的延伸。这也是播客"进入不可能"的缘起。

对于学习和教育,我总是怀有无法满足的好奇心。我深知人生苦短,所以趁着自己还有精力,想要竭尽所能地搜罗智慧。

我本身是一名大学教授,我觉得教师这个行当在搜罗智慧方面算是一条捷径。教师好比一把斧子,能砍掉闭门造车式学习所需要的时间,精简学习过程,让学习过程尽可能高效——但也仅此而已。因为,有些学习内容是砍不掉的,跟这样的内容较劲会受益良多。

身为一名教育工作者,职责所在我期望打造一支教师"梦之队",汇集那些给我传道授业的人。虽说没法让他们成为我名义上的老师,但可以退而求其次,对他们进行访谈,将其知识、理念、奋斗、策略以及习惯加以提炼,我们从中学习。

我真正付诸行动,始于2018年在加利福尼亚大学圣迭戈分校。当时我意识到自己何其有幸,能接触到人类史上登峰造极的一些人,分别是普利策奖获得者、作家、首席执行官、艺术家和宇航员。我作为亚瑟·克拉克人类想象力中心的联合主任,承蒙一系列嘉宾的到来,有机会接触到各行各业的作家、思想家与发明家。受邀嘉宾绝不仅限于科学领域,但他们有个共同点,那就是都愿意在人类的好奇心、想象力和交流方面各抒己见。

若是只有亲临现场才能向世界一流的人才学习,着实太可惜了。因此除了嘉宾讲座,我们还开辟了播客访谈,对部分话题进行了更为详尽的探讨。在我看来,这样的播客称得上是

"一所大学",在这里可以穿着睡衣学习,而不用背负学生贷款。

该播客旨在采访尽可能杰出的人物,惠及尽可能庞大的人群。我迎来的首位嘉宾是德高望重的物理学家弗里曼·戴森(Freeman Dyson)。之后访谈了科幻小说家安迪·威尔(Andy Weir)和金·斯坦利·罗宾逊(Kim Stanley Robinson);还有诗人及艺术家,包括赫伯特·西贡萨(Herbert Sigüenza)和蕾·阿曼特劳特(Rae Armantrout);还有宇航员,比如杰西卡·梅尔(Jessica Meir)和妮可·斯托特(Nicole Stott);还有很多很多。一路走来,我也开始采访一些荣获过诺贝尔奖的物理学家。

2020年2月,好友弗里曼·戴森与世长辞。戴森实属诺贝尔奖的一颗遗珠。在人类理解物质与能量的基本原理上,戴森做出了不可磨灭的贡献,却与本该实至名归的诺贝尔奖擦肩而过。庆幸的是,戴森来到拉霍亚享受绝美风光之时,我曾热情款待过他。

戴森的辞世让我意识到时不我待,让我不得不承认多数获奖的物理学家年岁渐高——我找不到别的措辞,只觉内心一阵翻涌,生怕自己错失了良机,无缘与史上才华横溢的人物交谈对话。这些人赢得了诺贝尔奖,对社会文化有着巨大的影响。

因此我于 2020 年着手与他们联系。他们中的大部分人同意访谈,只是不巧,目前在世且荣获过诺贝尔奖的两位女性物理学家均表示拒绝接受采访。本书缺少女性的声音,甚是遗憾,但这是现实所致,不是我未曾努力。

2021 年,我便完成了书中一系列弥足珍贵的访谈,访谈对象都是这个星球上备受尊崇的大师。艾略特[①](T. S. Eliot)曾说:"诺贝尔奖是一张通往葬礼的门票。不论是谁,奖项到手便再无建树。"没有人比本书中的物理学家更能推翻这一论调。这些值得我们学习的一个个物理学家相当高明,尤其当聚焦的是他们的人生经验而非研究内容时。若是没能将他们的经验保存好,传播好,实在是我这个知识分子的罪过。

我在我的第一本书《失去诺贝尔奖》中不仅指责了诺贝尔奖委员会,还指责大众文化将诺贝尔奖捧成了盲目崇拜的对

---

① 艾略特:著名诗人,曾获 1948 年诺贝尔文学奖。(译者注)

象，这对做出更大成就不利。读过此书的人可能会诧异，为什么我当下写的《进入不可能：天才物理学家的软技能》与上一本书题材相近，文风却乐观许多呢？《失去诺贝尔奖》出版之后，一些人说我吃不到葡萄说葡萄酸，说我表里不一，说我其实巴不得自己得一个诺贝尔奖。我想说的是，呼吁一个体系的改革并不是要对这个体系全盘否定，我们可以利用体系的威望与崇高地位来刺激改革，让诺贝尔奖得主真正做到名副其实。当然也要指出，世界上很多人对诺贝尔奖的理解是云里雾里，赢得诺贝尔奖的人可以教导世人的知识有很多，可以激励世人的方法也有很多。那我们为何要放弃这么宝贵的机会呢？诺贝尔奖的评审纵然有各种瑕疵，但仍不失为一项重要的教育工具。

话说回来，读者对《失去诺贝尔奖》有上述疑问，我扪心自问过诺贝尔奖对自己究竟意味着什么。问着问着，不自觉地就把自己引到本书的主题上来了，忍不住想要尽可能多地采访一些已获奖的物理学家。不管怎么说，我觉得这两本书不冲突，我指责的一直都是诺贝尔委员会，矛头从未指向获奖者。即使遴选过程存在很多问题，获奖者的方法和策略依旧可以为我们所用，改善我们的生活。还有，从本书的字里行间我们也能读出，没有哪位物理学家是因为想要出人头地而去追逐诺贝尔奖，他们都是我们学习的楷模。诺贝尔奖得主的身上到底有什么地方值得学习借鉴，我想一探究竟。本书便是探究的成果。

阅读指南

书中章节并非谈话原稿。与每位获奖者进行的大段访谈中，凡是彰显的特点有借鉴意义的，我都提取了出来。一问一答之后，我会就相关语境进行补充说明，有时会谈到某句引言、某个想法对自己的触动。为了文字通畅，我做了一些调整，有些口语没有直接摆上纸面。

总的来说，我尽力让访谈"原汁原味"。读者朋友可能会嘀咕有的时候提的问题怎么和"几点心得"部分对应不上。因为谈话往哪个方向发展经常说不好，我是可以在写书的时候对问题做些调整，让提问与回答更加呼应，但我不想篡改当时的语境。需要指出，书中如果不慎有错定然是因我而起，与获奖者无关。

每章都有一小部分内容，简要介绍该物理学家的获奖研究。之所以写这个不是因为书后面有题目要考，而是这种背景介绍十分有趣。我知道不少读者希望能从本书中学到一些充满趣味的科学知识，毕竟学习对象是诺贝尔奖得主。这些获奖研究可能会点燃你内心的好奇心。如果读者对这部分没兴趣，尽管跳过去。如果还想了解更多，推荐上网搜索nobelprize.org，观看获奖者的讲座。在讲座中你能学到他们的知识，在本书中你能学到饱含智慧的具体例子，并且经过本书的提炼精简，智慧更为浓缩，方便用于实践。

每次访谈接近尾声的时候都会有快问快答环节，为的是能对获奖者平凡的一面有更深入的认识。因此，有些提问会反复出现。

除此之外，有几个主题在访谈中频频出现，例如好奇心的力量、倾听批评意见的重要性，还有为何追求"无用的"目标同样十分重要。我曾想过将体现这些主题的各种例子汇在一起，编成一章，但转念一想，如果某种智慧在每章的访谈当中都有体现，更能引发共鸣。这些章节就像历史，不会完全重复，但会遥相呼应。书中的章节以何种顺序阅读都可。我是按照从前往后阅读的顺序进行创作，但读者想跳着读也可以。

最后有一点特别强调，尽管访谈对象均为获奖个人，但没有谁是单枪匹马做成研究。科学家们都身处团队当中。年复一年，这些团队只会日益壮大，团队成员常常横跨数个大洲，承前启后研究数十年。对于一项发现，诺贝尔奖最多只会颁给三个人，而非整个团队，我对诺贝尔奖委员会及其遴选过程痛斥的地方就在于此。所以书中不厌其烦地提到"以及团队"的字眼，是有意为之。

阅读收获

在本书中你读不到高端的物理学知识，没有方程，没有课后习题，有的只是多年积累的智慧，其中含有体现韧性、耐性、勇气的具体例证。经过本书的提炼，这些智慧完全可以用于实践当中。读了本书，生活中让人抓耳挠腮的难题，你将知道如何拆解；生活或事业上看似毫不相干的事情，你能找到相通的线索，巧妙结合；一路上与合作伙伴偶尔碰到绊脚石，你能找出将其克服的意义。你将明白为何除了回望过去的辉煌，还应悉心教导有志入行的年轻一代，让这一领域的前景更加光明。

此外，你还会明白耐下性子的意义，会明白科学与艺术有诸多相通之处，会明白做事的初衷应当是事情本身，而非捧得大奖或是博取关注。本书会反复告诫你，用全新的目光审视全新的问题，会有意想不到的收获。这样一来，心中的好奇、事物的美感以及意外的巧合，都能为你的生活增添乐趣。

为什么偏偏要向物理学家学习这些呢？首先，物理学家天生就是解决问题的能手，他们对物理世界的观察入木三分，受过的训练使他们的偏见很小；其次，因为他们是通才，不同领域的工具信手拈来，数学、逻辑、艺术甚至神秘主义都包含在内。最后，物理学家的最终目标是洞悉宇宙，洞悉人类在宇宙中的位置，这也是全人类的心愿。科学方法堪称分析周围物理世界最有力的武器。从这个角度讲，科学属于所有人。

最重要的一点莫过于最成功的物理学家（比如书中的九位主人公）都有着突出的"软技能"。他们通常在一次次试错中摸索出应该如何沟通，如何领导。当我问学生，当物理学家什么技能最重要的时候，学生喜欢说数学能力、实验技能。其实，大错特错。对于我所在的领域最优秀的人来说，沟通技能与情商才最重要。不知是前后关联，还是前果后因，书中的人既得了诺贝尔奖，又懂得照顾人性。说到底，物理这门科学得靠有血有肉的人才能做好。

如果读完本书只学到了一点，我希望这点是：获奖的人既是天才，也是凡人。他们和你我一样也会被同样的缺点、挑战、成见所困扰。读完他们的访谈，想必我们自身也能更好地应对困扰。

最后，即使你什么也没有学到，我依旧相信你的内心受到了启发。在科研之初，我曾直接受到过其中不少获奖者的影响。因为有些获奖者启发了我的导师，所以也间接影响了我。启发就像一条链子——我作此书的根本目的便是延长这条链子，加固这条链子。

天才的手杖

在影片《好人寥寥》中，杰瑟普上校对凯菲中尉吼道："你想要我在那堵墙上——你需要我在那堵墙上！"我经常觉得外行人只是想知道有人得了诺贝尔奖，至于为什么得奖懒得关心！好像知道了有这样的天才存在，整个社会都能吃得更好，睡得更香，毕竟不用亲自做研究。有些人出于自我释怀或自我安慰会想，"其实吧，某某可能就是研究物理的呆子，运气好点而已"；"他们的命运比我好，与他们的基因、地位、与生俱来的权利有关"；等等。

正如尼采所言：

如此一来，我们的虚荣和自恋便加深了对天才的崇拜：因为只有认定天才对我们而言遥不可及，是非凡的奇迹，天才不会对我们造成伤害……同样，天才也只是学着先垒砖再建房，不断寻找材料，加以利用。不仅是天才的活动，人的活动都极其复杂，但两者都不是什么"奇迹"。

——弗里德里希·尼采（Friedrich Nietzsche）
《人性的，太人性的：一本献给自由精灵的书》

本书讲述的获奖者几乎全都出身平凡，但他们却筑起了坚实的知识之墙，这足以证明所谓"天才"不过是埋头苦干之后的成功，并非什么上天的眷顾。于我而言，这样的结论再好不过：一个工匠可以做成的，另一个工匠也可以。拾起砖头一块一块地垒，其实我们都能做好。那怎样垒出高楼大厦呢？我们接着往下看。

第一章

亚当·里斯：仰望星空的人

亚当·里斯（Adam Riess）不仅是约翰斯·霍普金斯大学知名物理学教授，还是空间望远镜研究所的天文学家，2011年与布赖恩·施密特（Brian Schmidt）和索尔·珀尔马特（Saul Perlmutter）共同荣获诺贝尔物理学奖，理由是"通过观测遥远的超新星，发现宇宙正在加速膨胀"。该发现为团队成果，几乎一出就立即获奖（至少对于诺贝尔奖是如此），41岁的里斯也成为这一奖项最年轻的获奖者之一。

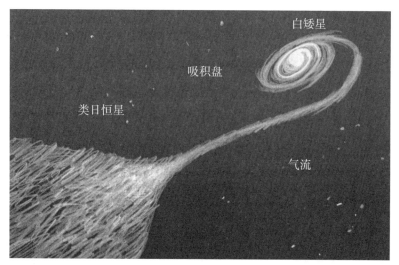

图中所示为"Ia 型超新星",其中一个恒星为白矮星,正从另一个恒星处吸积物质,当超过临界质量(约为太阳质量的 1.4 倍)时,将产生亮度极大的爆炸,整个宇宙都能看见。

尽管里斯与我年纪相仿,但我依旧将他视为榜样。在意义重大的课题上,里斯不懈求索,让我备受鼓励。2005 年,我们两人参加了一场全球竞赛,该竞赛将角逐出谁将有望成为查尔斯·汤斯(Charles Townes)的接班人。查尔斯·汤斯,这位伟大的物理学家曾于 1964 年荣获诺贝尔物理学奖。最终我凭借宇宙泛星系偏振背景成像实验夺得冠军(顺便说一句,我始终没能企及汤斯前辈的盛名),季军归属里斯。在里斯获得诺贝尔奖的当天,我哥哥凯文说道:"老弟,你是一时风光,人家才是笑到最后。"当然，这话只有亲大哥才会说。

里斯让我明白，对于真正的赢家没有失败一说，他们从不言弃，一路上锲而不舍，进无止境。里斯没有沉浸在辉煌中止步不前，而是坚守对科学的渴求与热爱。如此年纪便斩获诺贝尔奖，犹如被彩票砸中。但不同于许多人中奖一年便挥霍一空，里斯日复一日地埋头苦干。他身体力行地证明没有所谓的"大二低潮[①]"，对此无须担忧。里斯于我是一种激励，他在科研上的那份投入、好奇和从容自若不仅令人心生敬意，更让人心向往之。

常怀好奇之心
仅凭一番事业心难以长远

基廷：是什么让您在科研上如此成功？

里斯：我遇到了不错的导师，有幸进入一流学府，实验室和同事也很给力——单是对于掌握科研方法这点就很重要。

---

① 大二低潮：指第二次努力达不到第一次努力的较高标准。（译者注）

但对我来说，无比强烈的好奇心才是我前进的动力。在这个领域我的天资不是最高的，但勤能补拙，我从来没有停止探索奥秘。

基廷： 天文学是何时让您怦然心动的？

里斯： 大概七八岁的时候吧，有次和我爸闲聊，他说星星离我们很远，远到我们看到的是它们几千年前的样子，有些星星可能都不在了。虽然星星不在了，但其光还在传播，物理学竟然有这么酷的内容！我顿时就被迷住了。

再说说我对光学天文学的研究，我快毕业的时候碰到了一些非常有意思的问题，比如"宇宙存在多久了？""宇宙的宿命是什么？"谁会料到我竟然着手研究这样的问题呢！

基廷： 在学术界，有着所谓的"学术饥饿游戏"，即考上一流大学、成绩拔尖、得到老师认可拿到推荐信、顺利毕业、争取优质课题、发表论文、成为第一作者、攻读博士后、前往大学任教、获取终身职位、最后拿下诺贝尔奖。您也是按部就班地这样做吗？

里斯： 我不看好这一套，庆幸自己没有迫于压力而盲从。一开始我就认定科学能带给我乐趣，只要我还乐在其中，科研就会继续做下去。我做科研不是在完成一项项的打卡任务。要是把科研当成打卡、当成带有目的性的完成任务清单，那就入错行了。要是出于对科学的好奇和热爱去探索，就会乐在其中。之所以做科研，是因为我们想要探索奥秘。

里斯提到了儿时的好奇心，这让我产生了强烈的共鸣。如果只是出于想做成一番科研事业，那就需要不断得到外界的肯定与认可。相比之下，好奇心属于内在强化，可以自我肯定。你的好奇心只属于你，独一无二，它能在探索星空之旅上为你提供不竭动力。相信好奇心也是在相信你自己。它虽然不能让你工作无忧，但能让你走得更远，比起一味依赖外界肯定，好奇心能让你更具韧性。

诺贝尔奖故事
何谓宇宙加速膨胀？为何它变革了物理学？

数千年来，科学家一直认为宇宙是静止的。似乎除了行星、太阳和月亮，天空几乎静止不动。而所有一切都在1929年被埃德温·哈勃（Edwin Hubble）所打破，他向包括爱因斯坦这位1921年诺贝尔奖得主在内的所有人说明，宇宙中的星系均在相互远离——试想一块超大的葡萄干面包，每粒葡萄干相当于一个星系，面包在烤箱里膨胀的同时，葡萄干之间的距离也越来越远。

天文学家预计，受到不可抗的引力作用，宇宙终将停止膨胀。20世纪90年代，里斯及其团队开始研究宇宙膨胀的速度降低了多少，这是他们的出发点。举个例子，抛出一个棒球，手松开的那一刻棒球开始减速，因为地球的全部质量对棒球施加拉力使其速度降低。

同理，天文学家十分清楚，宇宙中含有大量物质：恒星、行星、星系和星系团，其质量足以使宇宙逐渐停止膨胀并开始坍缩，即这些质量能降低宇宙膨胀的速度。星系在减速完成后，开始反向运动聚拢到一起，在坍缩过程中可能相互碰撞。坍缩也称"大收缩"。

然而，里斯和2011年的另外两位诺贝尔物理学奖得主收集数据后,得出一个惊人的发现:宇宙在加速膨胀,一天比一天快。三人开始审视宇宙能量存在的其他组成部分。先前的观点认为物质是所有的组成部分,不论是暗物质还是明物质。现在的物理学家则认为宇宙中大约70%的能量是所谓的暗能量(相关理论最初由爱因斯坦提出,但之后爱因斯坦将其视为"最大的错误"而摒弃)。

宇宙加速膨胀这一发现之所以伟大,是因为它与团队的预设恰好相反。该团队没有陷入证实性偏差,在我看来这样的发现最为纯粹。该发现得出之后仅仅十三年就被授予诺贝尔奖,而很多研究成果经过数十年重复验证才最终获奖。如此短的时间就拿下诺贝尔奖,让人们很快就接受了宇宙正处于加速膨胀的观点。而仅仅一两年前,这还被当成无稽之谈。

放手去做
让人抓狂说明问题可能问对了

基廷:比起物理学的其他领域,天文学和宇宙学更能激发思考,也更能让人抓狂。即便是爱因斯坦,据说当初看到乔治·勒梅特（Georges Lemaître）的大爆炸猜想时，也曾说过这样的话："你算得没错，但你对物理学一窍不通，对天文学的探讨为何如此一点就着呢？"

里斯：宇宙学透着一种大气，研究的问题相当宏大，比如"一切是怎样起源，又将走向何方？"很多人觉得这不应该是科学要研究的问题，而是哲学问题或者宗教问题。然而宇宙学家研究的恰恰就是这些。我们不会去解释为什么要有宇宙、人在宇宙中应该做什么，而是会着眼于运动、路程这些可以测量的东西。

弗雷德·霍伊尔（Fred Hoyle）对大爆炸理论失望至极（霍伊尔为英国天体物理学家，许多人认为他应该同获1983年的诺贝尔奖），他的看法有很强的哲学意味。宇宙学吸引我们去攻克这些极其宏大的问题。当然，这些问题也会伴随巨大的争议。

在我看来，放手去做十分重要，这就涉及树立信心。需要充满自信才敢放手去做，放手去做的过程中又能培养好奇心。研究若是让人抓狂，说明研究方向是有价值的。虽然不代表你是对的,但说明你问对问题了。记住一点:放手去做,谦虚提问。

实事求是
谨记:你比自以为的更好骗

基廷:您率先让宇宙学家注意到"哈勃争议",并在其中扮演了非常重要的角色。什么是哈勃争议?为何如此重要?

里斯:如今实际测量宇宙膨胀速度时,得到的数值持续且显著高于基于对宇宙理解的预期值。打个比方,你给一个小孩量了几回身高,预测他能长多高,但实际身高却多窜出来两米。这是否说明需要考虑宇宙中的其他因素?我也不清楚,弄明白很难。很多同行一直在努力提升测量精度,分析各种可能。

(类似的争议)会让科研人员不自觉地想去像"挑樱桃"似的挑选数据。我一向反对这样筛选数据。首先一点,我们的理论并非十全十美。只有跟着数据的指引了解宇宙,才能有最大收获。

不论是科研领域还是日常生活，遵循数据的指引都是避免证实性偏差的不二法门。可能有人认为，科学家有别于凡夫俗子，对此类偏差有着天然的抵抗力，事实当然不是这样。我时常想起诺贝尔物理学奖得主理查德·费曼（Richard Feynman）的一句话："做人最重要的是绝不欺骗自己；可自己却恰恰是最好骗的那个。"这一指导性原则要求合理质疑一切科学结论，对自己的结论更是不能放过。这个道理里斯一直铭记在心。身处缺少把关人的网络时代，比以往任何时候都要警惕证实性偏差。

忠言逆耳
既是批评者，也是指路人

基廷： 统计误差在定义上是指随机波动，自己或他人重复实验的时候统计误差就不太可能重复出现了。因而数据越多，统计误差越小。但系统误差根深蒂固，是系统固有甚至宇宙固有的，比如星系尘埃放射物。那怎样才能消除系统误差呢？

里斯：说完想法之后听听同事的意见。他们的提问一般很有价值，别不屑一顾，不妨记一记，之后静下心来动脑筋想答案。当时可能觉得这些提问有些无理取闹，尤其是科研刚起步的时候，但只要把批评意见听进去了，想办法通过实验、测验找到答案，一定会有收获。要是找到了，回去再和同事请教："您看这样对吗？"如此循环往复，直到听到说"对啦"。

卡尔·萨根（Carl Sagan）说过："非凡的猜想需要非凡的证据。"恰巧，有几次我就需要"非凡的证据"，但做起来太难了。这不是任何一个调查员、团队、团体可以应付得来的，需要整个科学界从不同角度对问题切入。一旦有了整个学界的力量，问题就会被不断深挖。以我的经验，很难有彻头彻尾的错误猜想能经受住这样长时间的深究。

人们需要明白宇宙学的研究很不容易。因为数据不好获取，也不好分析。这一领域的研究想达成共识，需要各种不同角度探究宇宙得到的数据指向同一个结论。这是科研过程的一部分：对的东西可以重复出来，时不时出现的错误却不会在一个个数据集里重复出现。正是这种可重复性让我们明白自己处在正确的轨道上,这也是科学的特别之处。

这段访谈有几点我感触颇深。首先,里斯的话让我想起了一段宁静祷文:"请赐予我宁静,让我接受我无法改变的事情;请赐予我勇气,让我改变我能去改变的事情;请赐予我智慧,让我明白以上两者的不同。"生活中有些事情超出我们掌控,比如噪声和统计误差,但数据越多,经验越丰富,这些东西就会逐渐减少。久而久之我们就会进步,虽然不可能做到十全十美。另一方面,生活中有些事情是在掌控范围之内的,比如系统误差。尽管系统误差难以消除,更难以发现,但一经发现,是可以消除的。

这就是为什么里斯会说,别人批评你也要认真听。不论从事何种行业,都要做好遇到批评的心理准备。别被赞美冲昏头脑,也别对批评耿耿于怀。人生路上遭遇挫折是常有之事。正如畅销书作家瑞恩·霍利迪(Ryan Holiday)所言,挫折为你指明道路,指引前进方向。因此,真诚的批评可以转化为前行的动力。

诺贝尔奖得主的思想天地
既是天才,也是凡人

您是否受到过冒充者综合征的困扰?

里斯: 一开始我就发现,很多科研人员只是在某个非常小的领域里懂得很多,我也明白了自己也会专攻某个领域,不可能面面俱到。拿到诺贝尔奖的时候——首先声明,我做研究不是奔着得奖去的——我明白了这个奖既不是在比智商,也不是在给物理学家论资排辈。得奖的人只是在恰当的时间、恰当的地点为某一发现做出了一定的贡献。可以说,这个领域基本上谁都有可能拿奖。我不是爱因斯坦,也不会假装自己是爱因斯坦。成为某个很小的领域的专家我就知足了。

您想给人类留下什么精神财富呢?

里斯: 不论是面对科学、物理,还是一路走来的种种事情,最好的指引便是好奇心。可悲的是,如今很多人怀有的不是好奇心,而是好奇心的反面,一种极端思想,他们会说:"没有我不懂的,而且我还要一遍遍地向别人念叨,直到他们也懂了为止。"其实这根本行不通。

亚瑟·克拉克爵士的著名小说《2001：太空漫游》里写到过给人类留下的巨碑。如果您要做一个能维持十亿年的时间胶囊,会在胶囊上面或者里面放些什么呢?

里斯: 有个很有意思的想法,就是说把地球上出现过的所有植物的种子储存进去。试想一下,每一种新植物的出现要经历何其复杂的演化历程!对于这个胶囊,我会放这样一个植物世界。

克拉克还说过:发现可能性极限的唯一方法,就是冒险越过极限,进入不可能。"您会告诉二十岁的自己要去挑战什么?什么事情对于当时的自己来说是不可能的,但还是勇往直前地去做了?

里斯: 我知道自己酷爱科学,但没想到会走上实实在在研究科学的道路。我虽然喜欢学习,但有的时候会想得长大,得找工作。我猜我会对自己说:"保持热爱,不经千难万阻别罢休。"

几点心得

· 里斯的传奇故事告诉我们心怀好奇、放手去做会有怎样的收获。诚然,即便循规蹈矩,埋头赶路,什么问题也不提,可能依旧小有成就。但真正的成功只属于那些满怀好奇、敢于发问,而且努力找寻答案的人。

· 试想一下,如果能够打心底里明白,提出批评意见的人其实可以帮助我们实现目标,将会取得多么丰硕的成果。事实上,接受这种想法难之又难。正因如此,我更觉得里斯的阐述尤为深刻,对我们大有益处。

· 冒充者综合征在里斯那儿被巧妙化解。若是每个人在很小的领域里都独一无二,理论上将没有人是冒充者。很多人每天都会质疑自己的工作、质疑自己的分量,因此将这一道理谨记在心尤为重要。

第二章

雷纳·韦斯：修补匠

雷纳·韦斯（Rainer Weiss）为麻省理工学院的荣誉退休教授，在此获得了学士学位和博士学位。韦斯与巴里·巴里什（Barry Barish）、基普·索恩（Kip Thorne）一同获得了2017年度诺贝尔物理学奖，获奖理由是"对激光干涉引力波天文台以及观测引力波所做的决定性贡献"。科研工作由三人所在的团队合力完成，上千人的团队囊括了科学家、工程师、技术员与管理人员。韦斯凭借在COBE（美国国家航空航天局的宇宙背景探测器）和LIGO（激光干涉引力波天文台）方面的开创性研究屡次获奖。同时他还是美国国家科学院、美国物理学会等众多专业学会的会员。

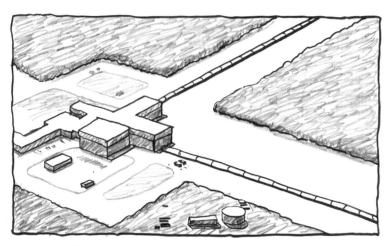

LIGO（激光干涉引力波天文台）项目首次探测到遥远宇宙大质量致密天体相互碰撞产生的引力波。LIGO灵敏度极高，可以测量到比质子直径小得多的时空扭曲！2015年9月，LIGO探测到两个黑洞的碰撞，每个黑洞的质量约为太阳的30倍，距离地球约为13亿光年。

韦斯讲起故事来声情并茂，引人入胜，洋溢的热情感染着周围的一切。我尤其欣赏他的直率，重大项目的确需要勤加沟通，直面不足，而非讨论时一味地夸赞与膜拜。已入耄耋之年的韦斯依旧热情不减，着实让我钦佩。正如黑洞每隔几年便会重塑人们对时空的认知，韦斯也在不断重塑自己前进的方向。这不由让人联想，他常年思维活跃，原因或许在此。考虑问题时韦斯常常着眼大局，并且为了保持对事物的新鲜感，时刻警惕产生自满情绪。

让自己成为解决问题小能手
怎么做？多解决问题

基廷： 您十四岁就已经通过修补唱盘做生意。其实，黑胶唱片上细小唱针发出的微小振动和时空的震荡有着十分奇妙的联系。

韦斯： 很多后来研究实验物理学的人都是靠在家里做修理工积攒经验。有的去修车厂修车，有的给水管工当学徒，还有的做起了电工。做了这些就知道遇到问题该怎么解决。我为什么对电子学感兴趣呢？这要说到二战结束的时候。1944 年、1945 年那会儿，有很多从战场上运回来的废品。有个朋友在纽约科特兰特街上开废品店，离当时的世贸中心不远。他跟我说，"刚搞了个好东西，南太平洋来的。里面有套雷达，不过得先把清漆弄掉。示波器你要吗？"

生活中有件事对我来说很重要——音乐，但我耐不下性子学乐器。说来也巧，有三件事凑一块了：科特兰特街的废品、布鲁克林一家电影院火灾留下的扬声器，以及无线电的商业化。我用这些扬声器组装了些设备，赚起了钱，这是之前没想到的。通过无线电能听到纽约爱乐交响乐团的演奏，那感觉堪比现场！有些移民父母对古典音乐感兴趣，我也请来一起听。他们纷纷感叹，"天哪，这也太好听了吧！可不可以给我也做一个？"

最后做的一件产品才是留声机，不过有个问题没解决。唱片发出的嘶嘶声怎样才能消除？我想了各种办法，结果越弄越糟。

基廷： 但您至少入门了。

韦斯： 没错。我上大学就是为了搞清这个问题。在麻省理工学院大三读到一半的时候，我发现有个实验室好像可以招电子技术员，后来证实他们确实可以招。于是我彻底退学了，当了几年正儿八经的技术员。

韦斯生于德国，举家逃离纳粹迫害。上大学前他就自学了多种技能，大学辍学后没过多久又回去研究物理。我觉得他在大萧条之后、二战时期的早年生活颇有意思——全球都受波及，而他似乎沉浸在自己的童年世界里，摸索修补各种物件。韦斯始终保持着这种充满孩子气的好奇心与想象力。

这也让我明白，能否成功并不在于前路的曲直，而是每走一步技能有无长进。不论从事哪一行，即便是工作之外的事情，如人际关系、兴趣爱好，遇到问题想办法解决的人往往能够成功，尤其是处理问题时不循规蹈矩的人。我很讨厌有些人看似老气横秋地说，"现在的小孩啊……"我对韦斯的儿时经历充满了敬意，感叹这段经历对他传奇物理生涯的帮助。有遇到问题解决问题心态的人都可以培养，与这个人的年龄无关。韦斯的故事启发我们无论何时开始都不晚。

如今的失败是为了将来的成功
每失败一次，就离成功更进一步

基廷： 您怎么知道什么时候终止实验？其实只要往里砸钱，实验就能一直做下去，那您怎么知道什么时候该停下来呢？

韦斯：这个我有发言权，因为我失败过好几次！第一次是在对钟进行改进的时候。当时，我还是在杰罗德·扎卡里亚斯（Jerrold Zacharias）指导下的电子技术员，他在研究原子钟。他说："我要做个实验，你拿着钟到（山）顶上去，我去山谷，我们互相发送信号，测量爱因斯坦红移。"结果他造的钟看着不错，却没有成功。后来他想着还有更重要的事情要做，因此他决定不继续搞这个实验了。我是怎么做的呢？我想找出实验搞砸的原因，并立刻付诸行动。一般只有在我非常确定成功不了的情况下，我才会放弃实验。

伟大的科学家会从失败中学习。只要有收获就不算真正的失败，这一点在日常生活中同样适用。畅销书作家詹姆斯·阿尔图切尔（James Altucher）就曾在《跳线》一书中指出，不妨进行小规模、低成本的尝试。比方说你想改行从事全新的职业，改行之前最好进行低成本、低风险的尝试，这样一来可能避免在新职业上浪费更多精力。一旦有了收获，尝试就可以停止了（除非觉得收获还不够）。

科学家每次都得学点什么。成功不是实验目标，学习才是。大刀阔斧地改动之前，先用小规模、低成本、低风险的方式探探路,一步一步来。越是临近最后的调整,越会胸有成竹,直觉也会越来越准。

诺贝尔奖故事
何谓引力波探测?为何它变革了物理学?

引力波是时空中的震荡。爱因斯坦在其广义相对论中预言了引力波的存在,广义相对论是对牛顿万有引力定律的巨大升级。爱因斯坦的理论使人们认识到时空是四维的,宇宙中的所有事件都发生于此。这一理论本身有很多意外的巧合预测,其中一个是当大质量的天体——例如太阳或体积为太阳三十倍的巨大黑洞——处于运动状态时,时空会产生涟漪,也就是引力波。引力波以光速传播。天体的质量越大,在时空中的加速越快,就会有越多的能量以引力波的形式产生。

LIGO 实验在人类历史上首次直接探测到引力波,该引力波由两个超大质量的黑洞碰撞产生,每个黑洞的质量

> 为太阳的三十倍。这次碰撞发生在 13 亿[①]年前，产生的引力波于 2015 年 9 月抵达地球。1609 年伽利略将光学望远镜瞄准苍穹，为物理学、天文学和宇宙学的研究开辟了全新的路径。LIGO 的观测同样开启了探索现实的一扇窗，颠覆了人类对物理学、天文学和宇宙学的认知。

防备之心不可太重
错了大方承认，接受帮助，而非死守错误观念，一意孤行

基廷：探测引力波的道路上科学家们时走时停，即使是这个领域的奠基人约瑟夫·韦伯（Joe Weber），也不免掉入了所有科学家都需要小心的陷阱。

韦斯：韦伯我很了解，一位相当优秀的科学家。可惜没能充分做到自我批评，这才是他掉进陷阱的最根本原因。

---

① 资料来源：https://news.mit.edu/2016/ligo-first-detection-gravitational-waves-0211.（译者注，网站查询时间为 2022 年 9 月）

韦伯的很多发明现在都用来（研究）引力波。他说的一些想法你要绞尽脑汁想好久。看起来和我们的想法不一样，但其实是相同的，只是表述方式不同而已。后来韦伯觉得，这一噪声有（某种）特点，他得做符合实验。当时和韦伯一起研究的人其实建议过他，不妨看看（别人）想的什么办法探测引力波。唉，每当捍卫起自己的研究时，韦伯的方式和大多数科学家不一样。他只会说，"你没按我的方法来"。韦伯不会讨论他是怎么测量引力波的，也不会说"咱们比较一下吧，你是怎么做的？我怎么做的？"反正从来不合作，敌对情绪很重。

科研也好，别的事情也罢，不懂得自我批评的后果十分严重。韦伯的科研天赋相当高，少的是"软技能"。他没想过怎么达成共识，具体来讲是不会团队协作。想要达成共识，不单单得算得了广义相对论方程，造得出超灵敏探测器，还得善于沟通、善于激励、具备说服能力和领导能力。这些方面如果不懂就要去学，要打造成自身实力的一部分，这跟是销售员还是核物理学家没关系。

再者，韦伯之所以在实验上没法达成共识，是因为他的实验本身就有问题!引力波可探测,这点毫无疑问他是对的,但他的方法错了。要是与同行合作,说不定能早点探测到引力波。但韦伯没有这么做,他的防备心太重,不愿接受科学方法才是衡量对错的根本标准。韦伯至死都不肯公开最初的研究结果。如果说你孤身一人做研究的话,有可能是因为你特立独行,也有可能是你错了。

拥抱对手
想要实现宏伟无比的目标,需要集结可以集结的最强大脑

基廷:为了最终成功探测到引力波,你们组建了多丽丝·卡恩斯·古德温(Doris Kearns Goodwin)口中的"对手队伍"。加州理工学院和麻省理工学院历来互有竞争。你们两家一直在争夺最为宝贵的资源:脑力和财力。这种情况下项目是怎么做成的呢?

韦斯:其实相当难。归根到底有一个很现实的问题:做事风格。我们当时遇到了些麻烦,这些麻烦更多的不是由加

州理工学院造成的,而是由麻省理工学院造成的。了解了麻省理工学院如何看待整个引力波物理学领域之后,我想有一番作为。我开始做的时候,麻省理工学院不想参与,所以项目之初我不能叫研究生一起做。为什么会这样呢?因为这是一个工程项目。"这个项目不会有什么科学发现的",这话我听了很多遍,麻省理工学院不愿拿研究生的前途陪我冒险。在学院看来,这个项目没有做的必要。麻省理工学院没人支持黑洞研究。我觉得想要继续留在麻省理工学院、继续在这一行混,唯一的办法就是立即推动建造 LIGO 这个庞然大物。给我几张纸,我可以证明规模小了这个研究是做不成的。

(但是)韦伯的事情发展到什么地步呢?人们写书说(引力波)是病态科学。理查德·加温(Richard Garwin)看到美国国家科学基金会在考虑 LIGO 项目之后,写了一封信给物理部的主管。话虽然不是很难听,但语气是"如果一意孤行要做(这个),国家科学基金会将因此蒙羞……"所以他们在夏天的时候强行对我们进行了调查,但是最后的调查评价却非常好!其实,加温是被韦伯影响了。我们心知肚明,这也是我们特别小心做研究的原因。

巴里·巴里什不仅是一位非常优秀的科学家,还是一名相当出色的组织者。说到基普·索恩,有一点你可能不太了解,他的物理感觉特别好。索恩是一名理论家,不会像我一样算方程的时候老是出错。他觉得答案是什么,应该就是什么,他的物理直觉特别厉害。索恩说服了我们,关于干涉仪噪声的来源,是我们的判断错了。

基廷: 关于 LIGO 众说纷纭,甚至有人担心引力波信号是假的,其实是黑客造出来的。黑客有入侵软件系统吗?

韦斯: 我们没法证明不是黑客干的。说是大自然的杰作似乎更合理。

他们最终之所以成功了,是因为"对手队伍"找到了合作的方法携手前行。更加难能可贵的是,他们对彼此充满了敬意,即便严格来说双方是竞争对手。能够自信地与对手合作也是一种极为宝贵的软技能。可以说,规模如此庞大、想法如此宏伟的项目想要成功,唯有该领域的两大巨头强强联合,共同研究。其实在别的情形下也可以用"和对手组队"的方法找到最佳的解决方案。

接力棒交到年轻一代手中
将未竟之业传给下一代，也是在让自己加入胜利之师

基廷： 我们谈论黑洞的时候仿佛黑洞就是真实的天体，其实也有证据能证明这一点。某种程度上是因为您，我们才会从心底里有这种真实感。从观测黑洞外部，到得出在黑洞中心，即事件视界之下存在奇点的结论，无疑将是巨大的跨越。那我们怎么才能知道可以实现这一跨越呢？

韦斯： 对我来说，这会是这个领域接下来要发生的最重大的事件。不管是看到了什么还是什么都没看到，一定不会到此为止。下一代研究引力波探测的人将会推动研究能够实际测量引力波的东西——大爆炸天文台。

这与贯穿本书的观点不谋而合：科学是接续奋斗的。每个人都是站在他人的肩膀上。韦斯深信奇点终将找到，甚至可能用不了多久。他在这方面的热忱很好地启示着我们：即使你在工作上的愿景不能一一实现也不必失意，因为你依旧做出了贡献，培养了下一代接班人，他们会代替你冲过终点线。从这个角度看，成就也有你的一份。事实上，这也是发

生在韦斯和COBE（1989年发射的宇宙背景探测器，旨在观测宇宙微波背景辐射的三种性质）之间的故事：因COBE项目荣获诺贝尔奖的并非韦斯，而是他在这一项目上的接班人。（详见第八章的约翰·马瑟）

因为好玩，所以去做
敢于说"去你的批评"

基廷： 您已经有了COBE，COBE的一些基础性发现对很多人产生了重大影响，并且让您的后辈斩获了诺贝尔奖。您一直在研究引力波，引力波在很多人眼里曾经是小众研究，引力波从构想变成共识最终用了四十年的时间。是什么给了您坚持下去的勇气？引力波研究有一阵备受关注，大家觉得会成功，但有可能花的钱和时间最后都打水漂。不管怎么样您选择了坚持下来，这对我们有什么启示？

韦斯： 这个嘛，我想的和你说的不一样。实验在哪里停下来，成不成功，不是我关心的。我关心的是"是不是有意思？""我要做的事情能不能给我，哪怕是给别人带来乐趣?"还有个问题可能更直白:"好玩吗?"我觉得(COBE 和 LIGO)既好玩,又重要,两个项目在我的实验室几乎是同时开始的。

基廷: 有没有可能一个实验做得规模太大,大到你很看重的"有趣""好玩"这些因素都没有了呢?

韦斯: LIGO 还有许许多多需要发挥想象的地方,会让你觉得你每一次成功之后,总有下一个有意思的地方等着你去探索。大量的谜团、数不清的谜团会轮番登场。

我觉得这一角度十分独到:大项目由小项目构成,所有的小项目为整个项目的成功服务,同时每一个小项目本身又有着"好玩"的一面。曾经,LEGO 随时可能被叫停。人们认为引力波无法探测,韦斯则是靠着一股韧劲坚持了下来。他让人们觉得不放弃反而更容易:因为这项研究很有意思,因为这项研究总是"好玩"。当你在他人的研究基础上进行研究,从他人的错误中学习时,便永远不会丧失新鲜感。这也是实验物理学家——据说不同于数学家——年纪越大做得越好的原因之一。当你的"经验工具包"不断拓展空间,每个项目都以前一个为基础时,总有新鲜事物可以探索。

诺贝尔奖得主的思想天地
既是天才,也是凡人

您是否受到过冒充者综合征的困扰?

韦斯: 当时(诺贝尔奖颁奖仪式)我就受到了这个问题的困扰。记得对面是(瑞典)国王,我往他那儿走的时候特别担心。虽然国王年纪还没到走不稳路的地步,但托着沉甸甸的东西,他看我的眼神特别不踏实。万一我俩谁把奖牌弄掉了呢?我朝他走去的时候一个劲地担心。领完奖往回走的时候,我心想,"怎么可能,我怎么配和海森堡(Heisenberg)、费米(Fermi)等人拿一样的奖。肯定弄错了吧!"

诺贝尔把所有的钱都留给了诺贝尔奖,并且还留下了一样东西,希伯来语中称为"zava'ah",意为道德遗嘱。它指的是智慧遗嘱,即想给继承人留下些什么。您在这个星球上生活了八十八年，一定积累了不少智慧，哪些想要留给后辈呢？

韦斯： 有条建议是我想给所有人的，包括我自己，即"不好玩的话，没必要干"。

亚瑟·克拉克说过，"发现可能性极限的唯一方法，就是冒险越过极限，进入不可能。"想问一下，八十八岁的韦斯有什么建议想给二十岁的韦斯吗？这些建议对于正值青年的您也许毫无实现的可能，但是有了现在的勇气、智慧和强大的动力，是否完全可以实现？

韦斯： 这个简单。即便很有价值的事情，没静下心来思考之前，不要着急动手。另外，碰到新鲜的观点，一定要多看两眼，没准很有意思。别光说难度太大，要是你认为会有发现，就值得去花时间。每过五年，问一下自己现在做的事情还有意思吗，还是说已经成了一个习惯。五年前在 A 领域，五年后还在 A 领域的话，说明对自己提的问题还不够。这时至少要问一下自己，"我从中收获喜欢的东西了吗？还好玩吗？还有意思吗？"

几点心得

- 抽出时间探索玩乐,在这个过程中可以学习如何解决问题,除此之外,还能学习"如何失败"、如何从失败中学习。好玩而有意思的事情,尽情去做。做到以上这些,有些问题便能迎刃而解。

- 切记,批评你的人与你一样,都在为同一个目标努力着。敞开心扉接受批评。有的时候,甚至可以采取化敌为友的方式。年轻一代也在为同样的目标而奋斗,因此要将后辈当成合作者、继承人,而非视为竞争对手。

第三章

谢尔登·格拉肖：成核剂

谢尔登·格拉肖（Sheldon Glashow）、阿卜杜勒·萨拉姆（Abdus Salam）、史蒂文·温伯格（Steven Weinberg）三人因"对基本粒子间弱相互作用和电磁相互作用的统一理论所做的贡献……"荣获1979年度诺贝尔物理学奖。格拉肖生于1932年，父母为俄罗斯移民。目前，格拉肖为哈佛大学物理学荣誉退休教授，以及波士顿大学数学和物理学荣誉退休教授。格拉肖如同一层"融合膜"，与20世纪几乎所有杰出的物理学家都有这样或那样的交集，不仅创造了"成核位点"，其思想竞相涌现，还催化了其他交流，影响延续至今。

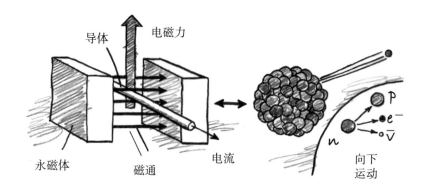

基本粒子间弱相互作用和电磁相互作用的统一理论表明,电力、磁力和弱核力属于涵盖范围更广的基本力与相互作用理论。

格拉肖不仅是美国物理学家的典型代表,据说还是《生活大爆炸》中谢尔顿·库珀(Sheldon Cooper)一角的灵感来源。格拉肖既潜心书本,又不乏幽默俏皮。治学严谨兼具亲切活泼,让我很钦佩。他之所以备受大家的喜爱,很大原因是他能用生动活泼的语言将自然奥秘娓娓道来。格拉肖在科学方面著作颇丰,例如1988年出版的《相互作用》一书,讲述了当时他眼中的物理学应当走向何方。这些著作中都体现出了某些科学发现有赖于机缘巧合的观点。对于这些发现,无论你之前获奖多少,都无法预见。尽管年近九十岁,格拉肖依然对这个世界充满好奇。

追求卓越，而非追求奖项
在追求卓越的路上，奖项或许随之而来

基廷： 理论物理学研究排斥竞争吗？还是说处理得当会有良性竞争？

格拉肖： 在理论物理学研究中我没怎么竞争，我一直都是致力于合作。与史蒂文·温伯格相比，我俩有不同之处，但我不会把他当成对手，他只是在物理学领域和我有不同的见解而已。所以说一直以来我都是追求合作。

对于科学家而言，研究被抢先发表着实令人头疼不已。同一课题被其他研究者抢发一步，损失的不仅仅是认可度和"思想市场"的话语权，还有科研经费与科研机会。对于抢发，格拉肖从不担心。他一路走来都与竞争"背道而驰"，明知荣誉可能会被窃走，依然会敞开合作的大门。这也提醒我，不要因为过于执着于成果归属，而忽视了科研的宗旨是推动科学进步。

有的人可能认为，之所以这么说，是因为该领域的至高荣誉诺贝尔奖，以及随之而来的成果归属和认可，格拉肖早

已收入囊中。然而书中的每一位诺贝尔奖得主在获奖之后依旧刻苦钻研，这说明诺贝尔奖并非最终目标，探索世界的本质才是。说回格拉肖，性格使然他并不过于看重个人得失，因而竞争在他面前不是拦路虎。这也是我所要修炼的。

抽出时间放飞想象
"思想实验"也是利器

基廷：卡尔·萨根（Carl Sagan）不仅是科学纪实作品的泰斗，在科幻作品方面也有建树。您和您的科研事业是否受到过科幻作品的影响呢？

格拉肖：科幻作品在我的生活中十分重要。十二三岁的时候，我就是《奇异科幻作品》（杂志）的忠实读者了。有个专栏叫"黄铜钉"，读这个我才知道原子弹是有可能造出来的，那个时候日本还没有被轰炸。所以从某种程度上讲，科幻作品给我打开了科学的大门。对此我感怀在心，时不时还会翻阅科幻作品。

第三章 谢尔登·格拉肖：成核剂

　　流行文化能够激发想象。具体来说，在科幻作品中，前卫的概念理论若是借助人物及其关系传达出来，受到冲击后人们往往会着力推动现实中的科学发展。跟随故事的推进，人们会对其中的概念进行深入探索，发挥天马行空的想象力。科幻故事除了能远瞻未来，还能促使人们进行"思想实验"。爱因斯坦称他的相对论正是在他的"思想实验"中孕育而生。他曾经自问道："要是我和一束光并驾齐驱会看到什么？""思想实验"不必受到条条框框的约束，想象的力量还远未被完全发掘。

诺贝尔奖故事
何谓弱电统一理论？为何它变革了物理学？

　　彼得·帕克（Peter Parker）和蜘蛛侠看似不同，实则为同一个人。同理，格拉肖、萨拉姆与温伯格让人们明白，两种截然不同的自然力实际上是同一枚硬币的两面，即电磁力与常说的弱核力实现了统一。三人证明了这两种力在高能或高温的宇宙早期其实是一种力，之后一分为二，如今在较低温度时二者的表现形式不同。不过在宇宙早期，你可以说只有一种力。这个例子体现的是物理学家所说的

"统一",对看似大相径庭的事物进行研究,经过千辛万苦的数学分析,证明其实是一样的。

种种研究为实现终极的万物理论指明了道路。该理论是物理学的一个终极目标,一个爱因斯坦辞世前都未能完成的目标。在该理论下的方程中,自然界所有的相互作用在根本意义上是同一种力,只是表现形式不同而已。19世纪60年代,詹姆斯·克拉克·麦克斯韦(James Clerk Maxwell)发现电力与磁力其实是同一种力的不同方面,即现在所说的电磁力。格拉肖、萨拉姆和温伯格进一步证明,弱核力和电磁力亦为同一种力的不同表现形式。如此一来,物理学家对原本严格区分的三种力进行了统一。下一步是要统一包括引力在内的所有力。迄今为止这一目标还难以企及,不过有一代又一代的物理学家为此前赴后继。

边玩边学
找回学前班的感觉

基廷: 您在您的作品里那种坦诚、风趣、大度特别打动我。

第三章 谢尔登·格拉肖：成核剂

格拉肖： 我觉得科研太好玩了。我真正意义上开始搞科研是在研究生阶段。到了哥本哈根（在尼尔斯·玻尔研究所待了两年），我发现来自各国的博士后数不胜数，他们来自中国、俄罗斯、日本、波兰、意大利、瑞典，我跟他们一起写论文。科研得有乐趣才行，一直都是这样。我引以为傲的"格拉肖 – 李尔普罗斯 – 梅安尼"论文，部分构思是在墨西哥的海滩上完成的。在海边游着游着，想法就有了。一切都是那么开心。

曾听人提起过，小孩每天会笑三百次，大人不过五次。童年至成年这段时间发生了什么，让我们变得如此不苟言笑？在工作中我们可以通过杰瑞·赛恩菲尔德（Jerry Seinfeld）所说的"垃圾时间"重拾些许儿时的活力。在无拘无束的"垃圾时间"里，思想得以自由徜徉。格拉肖将嬉戏玩耍与正经科研进行了"统一"。他从世界各地各种不同的人才那里获取灵感，正是在无拘无束的玩乐时光里，众人的思想汇聚出智慧的结晶。若非闲适豁朗的玩乐时光，格拉肖或许不会有今日之成就。工作的间隙我们都需要用点时间给自己充电，让自己重焕生机，否则灵感将会长期受到压抑。

启迪学子
通往幸福之路

基廷：您为何把教学称作是"西方的秘密武器"？

格拉肖：在美国和英国的传统中，科研人员也是教学人员，基本上都是。在德国就不一定了，大学里很多科研人员是不上课的。德国也没有因为这个有多大损失。要不是有教学任务，我做的科研应该比现在多。但我可能也不会有现在这样的幸福感。看着孩子们努力学习，当然他们得肯学，那感觉别提有多好了。我有些学生非常不错。他们都是我生命中最宝贵的财富。

我喜欢格拉肖的直率，直言没有教学任务能做更多科研，但现在会有更多幸福感。教学并未提升格拉肖的学术地位，没有让其取得更多突破、斩获各种大奖助力科研事业。然而教学带给他的是喜悦，是心与心的碰撞。更可贵的是，教学让新一代学子受到启迪，让他们能在未来的时空研究领域荡起层层涟漪。因而，教学或许是更为重大的责任。举个例子，我很晚才从好友斯蒂芬·亚历山大（Stephon Alexander）那里得知格拉肖教学能力出众。亚历山大现任全国黑人物理学家协会主席，年轻时深受格拉肖影响，某种程度上促使他成为一名理论物理学家。亚历山大转而深刻影响了我的科研工作。从这个角度看，格拉肖也对我施加了作用力，尽管力量较弱且距离较远，但无疑又举足轻重，无法替代。教学与指导学生的过程会涌现出奔腾的浪花，谁也无法料见朵朵浪花将拍向哪处遥远的岸边。但可以肯定的是，知识的海岸线一定会被重新勾勒一番。

追求简洁美
事物往往比表面看的更为简单

基廷： 在物理学和数学中，简洁的方程、优美的对称常常能揭示真理。但在有些人看来，我们对美感这一准则过于痴迷了。您是否觉得探索到一定程度之后，美感便无法再指引前进方向了呢？

格拉肖： 我不这么觉得。我会延续爱因斯坦等人提倡简洁与美感的传统。我预计未来会有更具美感的研究发现。我们要探索的太多了。

自然具有简洁之美。谈到美感与物理，实则也在谈简洁与对称。真理往往并不复杂。诗人济慈（Keats）深信"美即是真，真即是美"。当然，我并非如此笃信。在解决问题的过程中，美感有时的确能很好地指引你对各种可能的方案进行筛选，更加高效地认识真理。然而美感只是一种辅助手段，不能因为陶醉其中，而忽略了重点。做事情的时候可以寻找简洁美，培养简洁美，虽然我们不会每次都如愿以偿。即便难题或者谜团没能解决，也不妨碍我们欣赏和追求探索这个世界的种种奥秘。

基廷：请问您会建议年轻的物理学家追求什么？

格拉肖：个人而言，我偏向"无用的科学"。（你我）做的很多研究其实都没什么用。很多伟大的发现对日常生活没有直接影响，只是能让我们知道自己对世界的了解一天比一天多。人类的观测技术可谓是近几十年来的一项巨大进展。宇宙学已经成为一门精密科学，太棒了！宇宙中还有许许多多的东西等着我们去探索。

"无用的科学"这句半开玩笑的话指的是基础研究。基础研究不一定能让手机信号覆盖更广,但却可能解锁宇宙最为核心的秘密。这就是为什么物理学和其他基础科学的意义远不止于造福技术,它们与整个人类文明都息息相关。格拉肖对自然世界满怀憧憬,这便足矣。

话说回来,大多数的技术突破,例如机械工程、电子技术和计算机,都得益于基础科学的成就。推动这些技术的基础研究无一例外都曾被贴上过"无用"的标签。谁敢扬言格拉肖在弱电统一理论方面所做的研究不会在将来的某一天用于技术研发?退一步讲,即便无法派上用场,对自然原理上下求索时的敢想敢做本身就值得景仰。这种精神就是矗立在人类演化进程中的一座丰碑。即使研究成果永远无用,只要领悟到自然运行的恢宏,就达成了人类力所能及范围内的一个伟大成就。说来很是矛盾,人类文明中最为重要的思想在最初看来全都毫无用处。

诺贝尔奖得主的思想天地
既是天才,也是凡人

物理学之外的事情您有感兴趣的吗?

格拉肖:这就不得不提到病毒学的最新进展、疫苗研发这些事情啦!有的新冠肺炎疫苗是靠全新技术研发的,用到了 mRNA,和之前的一套完全不同,有意思得很!

那外星生物呢?

格拉肖:我很有把握存在外星生物。可能银河系就有,银河系没有的话,还有几十亿的其他星系呢。这些外星生物应该也是智慧生物。我们有没有那么好的运气碰到它们呢?这个嘛,我就不知道了。

您对这一理论怎么看:我们实际上生活在某种高级的模拟现实当中?

格拉肖:我并不觉得人类生活在模拟现实当中,这是科幻作品里才有的。不过说实话，计算机第一次赢了跳棋的时候，还是把我惊呆了。然后我说计算机永远也赢不了象棋，结果它照样赢了。我说肯定赢不了围棋，结果顶尖围棋选手接二连三地败下阵来。毫无疑问，计算机的性能越来越强。有人甚至觉得将来计算机会有知觉，会比人类更聪明。当然，要是计算机真有知觉，是会比人类聪明的。这一幕会发生吗？反正我觉得不会。

旅行者探测器上有一张金唱片。卡尔·萨根说服美国国家航空航天局将这张收录有地球之声的唱片放在了探测器上。唱片可以保存十亿年，是一种时间胶囊。如果您也有可以保存十亿年的时间胶囊，会在里面放些什么呢？

格拉肖：但愿人类社会还能再存在一千年，但我不看好会这样。因为到处都是充满杀伤力的威胁。物种一个接一个灭亡，谁能保证人类就能幸免于难？这还没把核武器算进来，还有史上最为宏大的一场实验：把地球上的化石燃料全都挖出来烧个精光，看看结果会怎样。正在发生的事情并不意味着十亿年后还会有人存在，更不用说一万年后了。一千年的话，说不定还可以。

几点心得

· 合作有风险，但合作依然很有用。竞争是生活常态，不过可以寻求变通之法：不妨试着化对手为队友。这种做法对任何项目都有益处，即使对于项目无益，我们自身也能从中受益。

· 格拉肖透着十足的自信，甚至是超乎寻常的自信，这让我很受冲击。我琢磨着这份自信是否和他"玩乐"的心态有着某种联系，两者是否相辅相成。当我们能自信满满地面对工作，工作便也如同玩乐一般。"玩乐"本身或许能让心理成长，心理的成长让我们更加信得过自己，因而愈发自信。即便没有这层关系，两种心态本身也值得我们学习。若是存在因果关系，那便再好不过了。

写在书中：科学方法

若是你已将书中的物理学家当作导师，当作科学实践的指路人，我想对科学实践稍做讲解。能让众多不同领域的专家达成共识，得出相似的结论，这样的科学才称得上是好科学。宗教领域可能搞一言堂，科学上的结论不会；流行艺术家、流行音乐家可能靠人气，科学上的结论不会。什么是科学方法，政客们说了不算。好的科学只有在百家争鸣中达成共识才算确立，其中就会用到"科学方法"。

科学方法有两条路径。一条是演绎，从一般开始，向具体过渡，有时也称自上而下法。使用演绎推理时，首先想好一个需要细致探索的理论，由此不断深入，提出更为具体的假设，这一假设可以通过已有的观察和数据或是最新证据进行验证。证据可能证实假设，也可能否定假设，到此演绎推理就算完成。

归纳推理则是反其道而行之。首先要有观察或是数据，接着找出规律推而广之，并且就规律提出假设。有了初步假设，便可以从中创造出理论。演绎推理和归纳推理同样有效，选择哪种方法取决于是先有假设还是先有观察。

因此，不能将"理论（theory）"看成猜测性的话语，更不能因为与"假设的（hypothetical）"一词同根而混为一谈。日常生活中人们会说，"那只是你的一套理论。"但在科学领域，将某物冠以"理论"的称号分量很重，说明其被测验过、证实过，最典型的便是爱因斯坦的广义相对理论，久经测验依旧屹立不倒。

不管是演绎推理还是归纳推理，最终目标都是达成共识。科学方法堪称社会共识的加工厂。没有人能聪明到单枪匹马搞清科学真相。我们需要群策群力，让所有人都沿着正确的轨道行进。

尽管这个过程是对抗性的（前面说过，恰恰因为这一点），科学辩论经常会达成一个决议。近年来，科学家们对大爆炸理论逐渐形成了共识，而认为准稳常态理论可能是错的。确切来说，几乎永远无法证明物理学中某件事情是对的，但若证伪到一定程度，基本确定其是错的。这个尤为重要，证伪的过程必须要有。如果你证明不了一件事情是错的，甚至连证伪的方法都没有，那不管有何种证据可以证实是对的都无济于事，因为这件事在科学上很有可能不成立，因为在科学方法中站不住脚。举个例子，你或许可以证明存在多元宇宙，但就是无法证伪。你可以说，"其实是有别的宇宙，只是离得太远，我们看不到。"但这说明你没有办法证明多元宇宙是错的，也说明你证明不了它是对的。

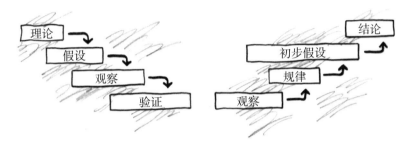

关于"科学方法"，没有唯一的定义。如图所示，存在两种常用的方法。演绎法（左）自上而下，从一般到具体，从理论出发，提出具体的假设。例如，预测光源（如太阳）和观测者之间的引力透镜以及高质量天体背景星光的弯曲（1915年爱因斯坦在广义相对论中对其进行了预言，1919年亚瑟·爱丁顿在日全食中成功观测）。归纳法（右）以观察开始，"向上"推进，直至得出结论性模型或最终解释性理论。例如，彭齐亚斯（Penzias）与威尔逊（Wilson）偶然观测到宇宙微波背景辐射，使大爆炸理论成为宇宙起源中最具说服力的理论（详见第八章）。这两种方法的应用价值远不止于纯科学领域！你喜欢哪一种方法？有何具体例证？

而对于人类导致全球变暖这一理论，之所以达成了共识，是因为结论是在各种不同的视角之下研究得出的。提供证据的科学家有的研究海洋学、有的研究气候学，还有地质学、植物学等其他学科的科学家。有了他们的证据，人类活动促使全球变暖这一理论的可信度便高了起来。

科学研究离不开达成共识。想要达成共识，必须经历无数次测验，接受无数次批评。在科学领域，批评你的人要认真听，得打心底里明白，你需要他们。作为对手，他们会让你更加强大，不至于一击就倒，也能让你的研究臻于完善。理论越是被人抨击而屹立不倒，越会坚实有力。科学方法启示我们，要敢于质疑自身偏见，多听逆耳忠言，不要认为自己是在干大事而固执己见。科学方法是一切研究的基础，妙不可言。

第四章

卡尔·韦曼：师者之师

卡尔·韦曼（Carl Wieman）为斯坦福大学物理学教授、斯坦福大学教育学研究院教授以及斯坦福大学工程学院教授。韦曼与埃里克·阿林·康奈尔（Eric Allin Cornell）、沃尔夫冈·克特勒（Wolfgang Ketterle）及团队一同荣获2001年度诺贝尔物理学奖，获奖理由是"在碱金属原子稀薄气体中实现了玻色–爱因斯坦凝聚态，以及在凝聚态性质方面的早期基础研究"。此外，韦曼还荣获2020年度一丹教育研究奖。

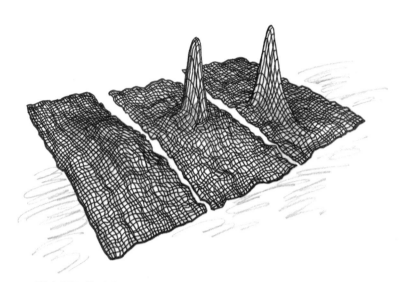

图中所示为玻色-爱因斯坦凝聚态（BEC）过程的三个阶段。左侧图片表示物质处于 BEC 形成的临界温度之上，中间图片表示处于临界温度，右侧图片表示新物质阶段 BEC 形成，可以看到空间明显的局部化。

为了变革大学里教师的教与学生的学，韦曼做出了不懈努力，本次访谈也围绕这个展开。我抛出的首个问题是，"要是有人说，'一个好消息，一个坏消息'，您想先听哪一个？"

韦曼不假思索地回答想听坏消息，因为"负反馈对学习的帮助要比正反馈大得多"。韦曼本人从未停下学习的脚步。他的诸多品质让我受益匪浅，学无止境便是其中之一。其实你我都是教育家和领导者，只是方式不同、工作内容不同、所处岗位不同。想要成为一名称职的教育家和领导者，首先得当好一名学生。诚如韦曼所言，有件事情我们要学，就是学会如何教。教学这一行需要不断优化教学法，得多靠巧劲，而非蛮劲。

实验室里，韦曼从不轻言放弃，并且目标明确，现在他又把这种精神用到了教育工作上，让我钦佩不已。韦曼明白，教学与科研过程有许多相通之处：二者都要解决问题，都要提出假设进行验证。他还指出，敢于对假设提出质疑、能以全新的视角看待问题十分重要。他主张老师把自己当成学生，不断学习，而有些老师在这方面做得不够。坏消息是：在韦曼看来，现在的教学方式无异于过去的放血疗法。好消息是：韦曼认为教得好并不意味着要多花很多时间。

多问问：有更好的办法吗？
过去都是这么做，不一定代表就应该这么做

基廷：需要教大学老师怎么教吗？

韦曼： 目前来看自然是要的。想当一名好老师，有些专业素养你得具备。你得学习基本学习理论的相关研究，当中会涉及一些基础的认知心理学。还有，你得知道面对教室里水平参差不齐的学生，怎样才能把你学的这些技巧合理地运用起来。虽说大学已经存在了几千年，但还没有哪一所大学研究过这门学问。只是个别的人进行过一些探索。

最大的问题是我们依旧停留在过去。拿医学举例你就明白了。我们所处的阶段和19世纪中后期医学的阶段一样。过去行医的门槛很低。当医学发展成了一门真正的科学，还是会有冥顽不灵的人沿用稀奇古怪的偏方，即便此时真正的科学会告诉他，"其实有更好的办法"。所以我曾说过这样的话：普遍来说，如今的大学老师在教学上还是沿用过去那一套，好比放着抗生素不用，偏要沿用放血疗法。

我对这一话题很有兴趣，因为我目前正在进行注册飞行教员的训练，第一次要学一大堆教育学理论（虽然行笔至此我已经在这个星球上的一所顶尖大学任教十七年有余）。

教学过程中让我着迷的一个方面是人类心理学在这个过

程中的作用，即学生的基本需求是什么？从美国联邦航空管理局为了防止飞机出事的一系列举措可以看出，飞行教员不仅要懂引擎突然失灵如何紧急迫降，同样还得对马斯洛需求层次理论了然于心。

哪些基本原则是教师应当掌握的？韦曼对这一问题进行探究合情合理，教师理应掌握怎么去教。然而许多大学教师在此之前并没有进行深入思考。韦曼致力于革新大学的传统教学方法，譬如讲授法，又称"台上的圣人"法，这一千多年来被奉为圭臬。在韦曼眼里，这种教学方法不仅跟不上时代的步伐，甚至会成为学生发展的绊脚石。

韦曼认为教学本身是大学教师需要精通的一门必修课。一般而言，大学教师未曾研习过教育学，只是把自己在学生时代学过的东西鹦鹉学舌地又讲了一遍。韦曼还指出，对于"过去都是这么做，这么做肯定最好"的论调，敢于质疑至关重要。这个道理我觉得适用于各行各业的人，因为大家都在传道授业：教授训练课程、担任导师，甚至是成为父母。传道授业是每个人工作的一部分。要想当好授业者，必须清楚学的人是怎么学的。好在弄清这个不一定要花大把的时间。最重要的是，我们需要认识到长期以来阻碍我们找到谜底的盲区。

> **诺贝尔奖故事**
>
> **何谓玻色-爱因斯坦凝聚态？为何它变革了物理学？**

卡尔·韦曼及一同获奖的两名科学家创造出了一种新物态。除了自古以来熟知的固体、液体和气体，三人创造的新物态叫作玻色-爱因斯坦凝聚态。爱因斯坦在读完萨特延德拉·纳特·玻色（Satyendra Nath Bose）的文章后受到启发，从理论上预测了这一物态。据理论预测，如果能将某种原子冷却至超低温度，这些原子的行为会如同一个巨型原子集合体，并具有特殊的性质。

玻色与爱因斯坦的想法萌生近八十年后，韦曼及其团队才得以借助技术发现这一物态。形成这样的凝聚态所需的温度相当低。1995年该温度首次实现，当时使用的激光制冷能使温度十分接近绝对零度，在这种条件下韦曼及其团队才首次观察到这种凝聚态。他们所做的工作在极端条件下的原子和分子研究中有广泛的适用性。

以质取胜，而非以量取胜
专业能力是靠各种经验积累起来的，不是靠时间堆出来的

基廷：您对所谓的一万小时定律怎么看？这个定律因为马尔科姆·格拉德威尔（Malcolm Gladwell）而广为人知。比方说，累计飞行时长要达到一万小时才能成为高级飞行教员。

韦曼：没错，格拉德威尔谈的是安德斯·埃里克森（Anders Ericsson）的研究，他在这方面的研究具有开创性。当然了，一万小时这个数字有点儿绝对，几千小时还是要有的。

基廷：不过飞行教员真的遇不到各种不同的天气系统、地形、空域（大城市/小城镇）、总体条件（白天/黑夜）。如果经常在不同情况下飞行另当别论。

韦曼：这就引出很重要的一点：时间要花对。老是在同一种天气飞同一个地方，飞满一万个小时也成不了飞行专家。

飞行员总是在同一种天气飞同一个地方，便不会有长进。

同样，不论做哪一行，想要有成长就必须变换环境进行尝试和操练，得突破自我。为此不仅要有成为这一行的专家所需的研究材料，还要在授业方式上做出切实改变。成长免不了吃苦，免不了要对自我发起挑战。健身房也好，教室里也罢，亦或是工作中，都得把自己逼出舒适区。"我人聪明，当一名优秀的 ＿＿＿＿ 不成问题"，把这句话挂在嘴边是不成的，还得付出大量时间将这一行从里到外都学透。好在根据韦曼的说法，用不了一万小时（埃里克森也会这么说，格拉德威尔应该不会）。即便如此，在三垒停下来，也不算全垒打。

记住：感到吃力说明正在进步
上天眷顾有准备之人

基廷： 从我个人的教育经历来看，学习有不同路径、不同策略，但并不是都会带来巨大飞跃和思想突破。您思索过为何有时学生会这样吗？

韦曼： 认知心理学家做过相关研究，我自己也想过。他们对大脑活动研究后发现，其实不是一次次挣扎之后迎来巨大飞跃，而是一步步成长之后突然一切豁然开朗。成功的大门推开之前，大脑一直在做加工处理工作。门推开前的努力——所有的思考，都是大脑在朝着合适的方向蓄力。最后的最后，一切你都会准备就绪。这个记好了，不要再说什么"哦，一直干等着"。大脑其实在加工运转，肯定是。人一想到"我怎么一点进步也没有"就会垂头丧气。进步肯定是有的。当你真的取得了伟大突破，一定要承认，"之前觉得白费的努力其实都没白费"。学生刚接触难学的东西的时候，这些道理可能想不明白。他们对这些完全没有概念，所以很容易泄气。

韦曼的一席话给了我莫大的慰藉与动力。我们常常觉得，灵感什么时候来说不准，得靠等。但事实上你可以坚持不懈地准备，为灵感敞开一扇门。这好比是增加了灵感得以附着的表面积。不论你每天是在学校上学，还是在工作、爱好或者副业中学习，道理都是如此。学习得用心。要是把学习当回事，就没有什么是不能付出的，尤其是学习还会带来如此巨大的回报。像韦曼这样的泰斗如果继续潜心教学，并且继续潜心学习怎么教学（用颇为形象的话来说，韦曼本可以"躺在功劳簿上睡大觉"），一定会激励我不仅要成为更加优秀的物理学家，还要在教学职责的方方面面成为更加优秀的一名教师。我的高中老师汤普金斯总是说，"教育"一词指的不是倒进去,而是引出来。韦曼为我树立了榜样,我也要把自己、学生和孩子最好的一面引出来。

诺贝尔奖得主的思想天地
既是天才,也是凡人

创造力能教出来吗?

韦曼: 我要谈的不是艺术领域的创造力,我对科学领域的创造力思考得比较多,也和研究这方面的人探讨过。在科学领域有创造力一般是指看待某种情境或问题时,能找到和以往的人不同的方法。并不是得搞个什么新鲜玩意,而是能深入认识人们已然了解,但还不太清楚如何应用的事物。

可以这么说,科学领域惯用的教育方法想要教出创造力,不能说"无法奏效",应该说是"反向奏效"。正常上一门课,学生学了之后参加考试,老师打分。打分标准从来都是,"你能不能得出老师想要的答案?"学生看待事物或者解决问题的时候，本来是要能去想别人都没试过的办法。可现在的打分标准却完全是背道而驰。从小到大的学校教育里，发挥创造力反而会吃苦头。"要给出所有老师都想要的答案"这道坎，你得跨过去，才有希望突出重围，去做那些没有标准答案的事。你看看，教育就是这么可笑！

在科学领域培养自身创造力和在艺术领域看似无关，实则颇为相似，而且这些相似之处存在于所有的非艺术领域。无论身处哪一领域，都可以采取和在艺术中完全一样的方式培养出伟大的创造力。起步之初模仿"大师"。正如艺术家会临摹《蒙娜丽莎》和莫奈的《睡莲》，模仿"大师"其实是在形成肌肉记忆，不仅会让身体动作更加娴熟，也会让大脑思维更加敏捷。不妨从一万小时里抽出一部分用于这项模仿工作。要是一万小时全都在做机械重复的工作，比如记忆，那路子就不对了。前辈的大师之作不能只是记在脑子里，更要亲自模仿，才能迈出成为大师的关键一步。

几点心得

- 无论从事哪一行，每个人总要在生活的某些方面担任教育家和领导者。因此，务必抽出时间学习人们究竟是怎么接受教育的，如何才能有效领导。想要成为更加优秀的"教师"，就得在教学方面多多实践。首先得有学生。同时，为了能将你的所学传授开来，还得学习教育学，学习如何当好一名教师。有这样一种说法，我们读过的东西留在脑海里的只是很小一部分，而我们教过的内容却能留下来很多很多。这好比经济学里的杠杆——教学悄悄给教师带去了投资回报。

- 当我们希望通过学习提升自己时，不论是学习自己的研究领域，还是学习教育方法本身，都要谨记：学了多长时间不是衡量学到多少知识的最佳方法。想要领悟得更加透彻，必须要有多种多样的学习经历，要向各种各样的老师请教。若是每个小时都做同一件事，每次都听同一位老师讲同一堂课，那著名的一万小时准则也就失去了意义。敢于挑战自己，这样一来心理等各方面都会日益强大。

- 学习并非易事。如果习惯了轻轻松松把东西搞明白，学习肯定不易；要是把握不准自己有无进步，学习更是一段苦旅。我们不自觉地会在结果与过程之间画上等号。但学习不是这么回事。取得突破前的每一刻，大脑都在运转和成长。找一个小伙伴当你的镜子，让他反馈你的想法。这就像是击球练习——找一个水平相当的投手，一起练习，共同成长。全垒打的过程中一定要到达每一垒都给自己奖励，而不只是最终踏触本垒后才犒劳自己。

第五章

罗杰·彭罗斯：装着奇点的超强大脑

2020 年，罗杰·彭罗斯（Roger Penrose）因"发现黑洞是广义相对论的一项有力预测"荣获诺贝尔物理学奖，该研究由彭罗斯及其团队于 20 世纪 60 年代完成。同时彭罗斯还是数学家和哲学家，出版过若干书籍，1989 年问世的《皇帝新脑》探讨了意识与量子力学，不仅对青年时期的我产生了深刻影响，还在某种程度上促使我创作科普书籍（彭罗斯老先生还为我的一本书写过推介，着实让我受宠若惊）。如今，彭罗斯的身份是牛津大学罗斯·鲍尔数学荣誉教授，还有许多其他头衔。

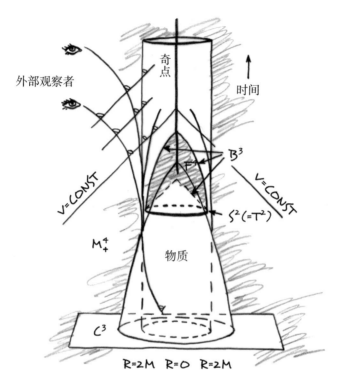

上图改自罗杰·彭罗斯的论文《引力坍缩与时空奇点》(《物理评论快报》1965 年第 14 卷第 57 页),图中展示的是若能足够靠近黑洞将"看到"的主要现象。

彭罗斯一直以来都保持着强烈的好奇心,而且似乎对任何事物都想一探究竟,不论是生物学、黑洞还是意识。在外行人看来,这些学问大同小异,理论一样晦涩难懂,但对于一名物理学家而言可就天差地别了。彭罗斯能从大爆炸研究这样的纯理论领域,切换到大脑研究这样的纯应用领域,实在是不可思议,更可贵的是他在从事的各个领域均有建树。

多数人的研究要么以深度见长,要么以广度见长,彭罗斯则两者兼而有之,这多亏他所秉持的科研精神、头脑中的奇思妙想,当然也少不了他的"超长待机"。2020 年荣获诺贝尔物理学奖时彭罗斯已是八十九岁高龄,如今身体依旧硬朗。即便在旁人看来想法希望渺茫,彭罗斯也从不打退堂鼓。跟随好奇心的指引,热爱什么便探索什么,坚定自己的信念,与众人相左时亦初心不改,这样的彭罗斯才是我钦佩的对象和学习的典范。

利用现有的东西做好研究
工具不够完美也好过什么工具也没有

基廷: 您之前写过工科方面的创新,好比伟大的艺术作品,其实是"发现"了永恒的真理,不能说是"发明"。您对数学也是这么看的吗?

彭罗斯: 如果你是数学家,肯定会有这种感觉:你是在探索一个本来就在那儿的世界,发现本来就在那儿的东西。正常情况下,在那儿的有些东西不是你能掌控得了的,所以说更像是在探索。我们对物理学研究得越深,(越觉得)物理学其实是受方程和几何思想的支配,我们于是干脆把物理还原到数学。这样一来,我们再去描述和理解物理世界的运行方式,精度就大大提升了。

彭罗斯无法亲历黑洞、大爆炸或是奇点,但他没有盼着冒出一个完美的工具让他能亲眼看到这些,而是采用了数学这个不太完美的近似法深化对这些现象的理解。凭这一点彭罗斯便配得上诺贝尔物理学奖。艺术、数学等工具较为抽象不够完美,但依旧可以为我们所用,帮助我们辨明这个世界。不能因为缺少完美的工具就在奔向目标的路上停滞不前。变换工具继续前行,即使这些工具不能助你一路冲过终点线,也能让你比预期跑得更远。对完美的执念是追求卓越的宿敌。

不必忧心数据过载
没事,算法永远做不到

基廷: 意识很有用吗?

彭罗斯: 有个方面我有发言权——理解。说到计算,我敢说人类的理解是没法计算的。理解和计算是两码事。很多人跟我争，说现在计算机有多厉害，能做的事想都想不到。这点我承认，但计算机运行靠的是算法。人在理解数学证明的时候，并不是按照某个算法往下推进的，这个不必多说。思考是认识意识知觉的过程。思考能力中什么超越了计算？有人认为大脑中有算法，只是极其复杂，永远也弄不明白。问题来了，这些算法从何而来？通过自然选择而来。自然选择留下来的是理解的基本原则，不是计算。

人们对人工智能的危害忧心不已，有人担心计算机会抢走所有工作，然后接管整个世界，摧毁全人类。但是彭罗斯却站出来为"生命力"发声。人之所以为人，而有别于计算机，全在于生命力。他的话令我们宽慰不少，让我们明白有些事情只能由人做，计算机永远无法代劳。

诺贝尔奖故事
何谓黑洞形成？为何它变革了物理学？

彭罗斯在黑洞如何形成方面的发现证实了爱因斯坦在

几十年前提出的广义相对论。20世纪60年代末期，彭罗斯与霍金一道，证明了黑洞坍缩成奇点。黑洞是时间和空间中任何常规都不适用的区域。在奇点中，物理[①]不再适用，时空本身的性质也不再适用。除非使用彭罗斯及其同事兼竞争对手霍金构思的工具，否则无法理解奇点。

这项关于黑洞的研究高度数学化，可能是本书所有获奖者的研究中最接近纯数学的。尽管如此，构思的工具还是使科学家们能够理解黑洞现象——甚至可能理解宇宙的起源——从而也能验证广义相对论。有趣的是，彭罗斯使用了如今被称为"彭罗斯图"的图像。这种高度图形化的数学工具帮助彭罗斯研究奇点这一宇宙中最为变幻莫测的天体。这些图像在首次使用时极具创新性。后来，彭罗斯在构思"彭罗斯瓷砖"时再次用到了他的艺术技巧。关于这个后面会有更多介绍。

[①] 此处原文为 mathematics，但是根据原文内容以及所查资料，此处可能应为 physics，故暂时译为"物理"。（译者注）

与竞争对手合作
合作只会让你更强

基廷：您的工作和霍金的工作是否以一种感觉像纯粹合作的方式交织在一起？

彭罗斯：霍金把我最初持有的观点向前推进了很多，我们还一起发表了一篇论文。不得不说他做的研究，就是之后和黑洞相关的研究，对我影响还是相当大的。在广义相对论领域，他的研究我觉得是做得最好的。不过后来我俩的观点有了分歧。在我看来，他开始受到弦理论这些东西的影响。甚至说，他认为黑洞和白洞在某种程度上是一回事，我认为这就有点儿匪夷所思了。他觉得时空是一种取决于观察者的概念，这个我不同意。然后确实有了分歧。当然这些不同意见对我也很宝贵，它们推动我朝某个方向前进，让我不得不对某些事情思考的更加深入。

霍金在很多方面都是彭罗斯的竞争对手，但二人在竞争关系下却取得了丰硕的成果，堪称科学界的楷模。霍金所在的剑桥大学与彭罗斯所在的牛津大学抗衡已久，在宇宙学甚至整个学术领域都是互不相让的劲敌。正因如此,两人的合作才更加不可思议。有人说霍金如果不是2018年离世,会和彭罗斯一同荣获诺贝尔物理学奖。用彭罗斯的话说,两人在观点上"有了分歧"。可即便如此,两人依旧互相学习,这一点尤其值得称道。这样的竞争对手永远都会守望相助,不仅因为研究内容,也因为彼此能在思想交锋中取长补短,交锋时也不会丢了英国绅士的风范。

合作双方不得已要为对立的观点据理力争时,双方的唇枪舌剑不仅能让他们自身,也能让普罗大众对问题的认识更加深刻。要是尊重辩论的对手及其观点,便会在把握自身观点的同时努力理解对方的主张。这样一来,自我批判的能力得到了培养,并且能更加明晰自己的想法,更加有力地捍卫自己的观点。

追求可以更为多样
换一下说不定就有突破

基廷: 您绘画的灵感是什么?

彭罗斯: 我的旧笔记本上画得满满当当,很多时候画着画着就不知道怎么画了,干脆放开了画。

彭罗斯的绘画是出了名的,很大原因是绘画在科研上能助他一臂之力。他画的图像能把人迷住,例如非周期空间填充瓷砖、令人直呼无解的"彭罗斯阶梯",还有的画作与莫里茨·科内利斯·埃舍尔(M. C. Escher)的类似:看了容易产生错觉,在自然界中实现不了。不过有些内容调整之后可以在现实世界派上用场。这一点印证了知识的多样性有多么重要。需要说明,彭罗斯并没有将他在科学上的创新归于艺术,虽说其他很多物理学家会联系起来加以看待。有些物理学家认为他的艺术成就足以比肩毕达哥拉斯等古希腊学者。毕达哥拉斯在音乐上的探索促成了他在物理和数学上的新发现。彭罗斯的艺术才华在培养物理直觉和物理发现上或许起了作用,或许没起。不管怎样,在一种形式或追求中得到的认识定然会给迥然不同的领域带来突破。

一定不能给"自由通行证"
自己也别想捞一个

基廷:目前来说,最让您激动的是什么?

彭罗斯： 我有个疯狂的想法，大致说来就是非常遥远的未来连着下一个循环的大爆炸。我们之前的大爆炸在上一个循环那里又算是遥远的未来。可能只是一种猜测，或者说推测而已，也没人能证明我说错了。然后我又产生了这样一种想法：说不定超大质量黑洞的碰撞产生的信号强烈到我们的曲率会影响它，这种情况下物质会受到影响，你能在空中看到圆环。这就是目前最让我激动的，因为可以看到理论是否和实际观察到的相一致。在非常遥远的未来，星系团中的大部分质量都会被黑洞吞进去，最终蒸发成光子。过去我常常想，宇宙的这个阶段得多无聊啊，都蒸发没了。但转念一想，"谁会无聊啊？恐怕只有光子吧！"

这一理论被称为共形循环宇宙学，表明宇宙会经历一轮又一轮的大爆炸和膨胀，循环往复，不过该理论目前尚有争议。彭罗斯也不遮掩，他明白人们不会因为他有诺贝尔物理学奖傍身就对他说的每一句话都深信不疑。如果彭罗斯接下来选择做永远不会被推翻的研究，诺贝尔物理学奖的荣誉便不会受损。但他没有走这条路，而是绞尽脑汁去想怎么让科研人员验证他的想法，即便结果出来后他的理论可能会受到更大的质疑。彭罗斯从来不会为了能吃老本而稳稳当当，靠往日的荣光过活。他的做法既是谦逊的体现，也是气魄的写照，尤其已经这般年纪而且成就如此之高。切不可只因某个人斩获过某个领域的最高奖项就对其言听计从；也不可仗着自己是某个领域的佼佼者便期待得到特殊照顾。

几点心得

·常言道，数学家的黄金期在三十岁以前。作为本书最年长的获奖者，罗杰·彭罗斯一举将其推翻。在很多人心目中，彭罗斯当属 20 世纪里最为出色的数学物理学家，但他依然在科研领域耕耘着。聪明才智、创造能力和超常的数学天赋都不可或缺，但光有这些还不够。彭罗斯靠的还有孜孜不倦的科研精神。恒心和毅力不一定能让你事事成功，但没有它们你必将一事无成。

·每当彭罗斯的研究碰壁时，他总能巧妙化解。缺少测量观察奇点的工具，他就诉诸抽象的理论，至少还能对问题继续展开思考。思路受阻时他便寄情于艺术，没承想艺术竟会时常促成科研发现。思路受到阻碍，不妨对问题进行重构，或是换个角度看问题。

· 彭罗斯与霍金既竞争又合作，人们往往谈到他们当中的一人时就免不了带上另一个。话说回来，两人的对比不止这么简单。许多物理学家觉得霍金有点儿半吊子，在不同的领域跳来跳去（参考查尔斯·塞费《霍金货金：一位科学名人的贩售》一书），比方从宇宙学跳到弦理论。尽管彭罗斯的研究也涉及不同领域，但他没有为了某个领域而放弃另一个领域。他在钻研的任何领域中都能扎下根来。既有深度，又有广度，过去是，如今亦然。拥有科学与艺术的双重视角无疑促进了他的创新能力。当我们能从多种视角探究世界时，对其领悟就会更为透彻，但前提是每一视角都研究的十分深入。

第六章

邓肯·霍尔丹：炼金术士

邓肯·霍尔丹（Duncan Haldane）是普林斯顿大学物理学教授，与戴维·索利斯（David J. Thouless）以及迈克尔·科斯特利茨（J. Michael Kosterlitz）因"在物质的拓扑相变和拓扑相的理论发现"一同荣获2016年度诺贝尔物理学奖。

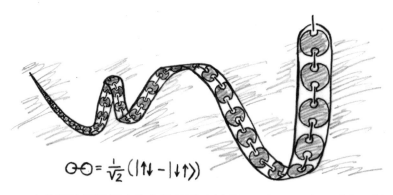

在物质的拓扑相变和拓扑相的理论发现,揭示了电子(上下箭头)的旋转如何影响新奇材料中原子链的磁性。霍尔丹的研究可能会在某一天促进全新的电子材料,甚至是如今难以想象的设备零件的研发。

霍尔丹有不少令人称道之处,不得不说的是他相当风趣幽默,能够笑着应对极为复杂的问题。同样令我敬佩的还有他的求知欲、谦和的为人以及坚持不懈的品质。霍尔丹的内心有着一股强烈的欲望,驱使他去探索看似奇怪、甚至近乎怪诞的新物质形式是否可能存在。尽管苦等数十年后,最终获奖的研究才得到认可,霍尔丹也从未放弃。同时他从不认为自己一定是对的,不会因为别人说他才华横溢,肯定会给物理学带来变革而沾沾自喜。得知获得诺贝尔物理学奖的当天,霍尔丹便又回到教学与科研中去:他身体力行地告诉我们什么才是最为重要的。

着眼更大的图景
不妨站远一些

基廷：您的研究成果在某种程度上是"链式反应"的结果，反应物是来自各个同事和大学的启示与发现。

霍尔丹：凡事想要汇集起来，仅凭一己之力自然不够，经常要靠集体的认识：新的东西研究出来后，需要一点儿时间置于大背景下进行分析。我做过贡献的两项研究我自己说不出来有什么明显联系，后来多亏了文小刚（Xiao-Gang Wen）的研究（这一联系才清晰起来）。

霍尔丹的故事让我不由觉得众人其实是在编织一张巨大的壁毯。不论你贡献了多少，离得过近就不太可能看清整体的图案。这不仅体现在凝聚态物理学中（霍尔丹的那条"线"），对于抚养小孩、执教体育队，或是创作一幅实实在在的画像都是如此。霍尔丹明白有时只有站得够远（字面和比喻意义皆有），图案才会显现出来。也只有这时才能将全貌尽收眼底，感叹在精美无比的壁毯上你只不过贡献了其中的一条线。有些事情之前觉得没有明显联系，现在发现是有的。在研究中你看似不需要直接跟谁合作，但可能是在和几百年前的人合作，又或是你都没有意识到其实在跟自己去世几十年之后的人合作。这张壁毯，永远是未完待续的状态。

不论哪个领域，我们都是站在巨人的肩膀上，同时也在给后辈架起肩膀。现在做的事情你无法预料数年之后会怎样惠及他人，因而这些事情的意义你最初无法给出中肯的评价。霍尔丹告诉我们切勿急躁，无论如何，工作都要继续做下去，他人才有机会拾起这条线织向未来。即便当下还不清楚在某条线上下工夫结果会怎么样，也要坚信每一条线都意义非凡。

诺贝尔奖故事
何谓相变与拓扑物质？为何它变革了物理学？

在物理学家赢得诺贝尔奖的研究中，这一项的理论性几乎是最强的。说白了就是很难解释。有多难呢？2016年宣布诺贝尔物理学奖的新闻发布会上，诺贝尔奖委员会甚至出动了道具：百吉圈、甜甜圈和"瑞士椒盐卷饼"。说实话，几乎没人明白量子力学是怎么回事。1965年的诺贝尔奖得主理查德·费曼（Richard Feynman）甚至说一些物理学家都搞不懂。不过我们可以快速了解一下该研究为何如此石破天惊。

先来做个类比。在头脑中可以构想出理想三角形，但现实中永远遇不到。三角形有多"重"？这么问没有意义。三角形可以做出来，但需要"材料"，"材料"严格来说不是一组三个零维的点。因此真正的三角形是不存在的。量子力学实体也是如此，虽然可以在脑海中设想，但长期以来的观点是它不可能在实验室中造出来。霍尔丹与合作伙伴不这么认为。他们预测这些抽象的实体是由高度设计加工的抽象物质组成的，可以在自然界中存在。后来证实这一说法是对的。

霍尔丹与合作伙伴证明，自然界的物质并不仅限于宇宙提供给我们的。他们的研究率先预测了一种之前不知道

> 其存在，只能人造的新型物质。人类的智慧与个体间千丝万缕的独创性才能在此刻交相辉映，人们同心协力创造出真正新奇的东西（不管能否应用在日常生活中）。远到古代的炼金术士，近到科技革命中的化学家，制造出新物质是科学家们几千年来的夙愿。从这个角度看，霍尔丹和他的合作伙伴们称得上是炼金术士。真酷！

简化问题
先拆解，后整合

基廷： 我记得听到过私下谈论，说诺贝尔奖你们拿定了，说是毫无悬念。

霍尔丹： 不是毫无悬念吧，难说得很呢。能拿下这个奖多亏了查尔斯·凯恩（Charles Kane）的研究进展给了我不一样的动力。也离不开安德鲁·伯纳姆·培根（Andrew Burnham Bacon）、张旭（Xu Zhang）等人的研究工作。这些研究想要汇集出成果，需要三个层面的准备。一是要发现深层抽象的原理，这些原理很难懂。二是中间要有一个玩具模型：不妨计算一下，看看所有零件是如何构成整体的，说不定会有意想不到的收获。三是要真正和物理材料联系起来，这样的话出成果就指日可待了。真实的材料一旦找到，大伙肯定会乐开花。

霍尔丹的出发点堪称物理学中的"杀手级应用"，这柄利刃你我都可以利用起来。物理学家将其称为"思想实验"。爱因斯坦是思想实验的大师，为人津津乐道的是他曾幻想过若是能以光速飞奔，眼中的世界会是什么样子。要是爱因斯坦非得等着亲自去做这一实验，相对论不知何年何月才能问世！爱因斯坦的厉害之处在于能够想象这样的实验如果做了，结果会是怎样。

如果说现实中低成本、低风险的物理实验效果不错，零成本的思想实验岂不更好？思想实验首先需要简化问题，只留核心要素。这其实是在构建物理学家口中的"玩具模型"，如此一来切入方法或许得以明晰，看似无解的问题进而也就有了切入点。

思想实验中问题得到了简化，所有的子问题怎么拆解得更简单也一览无遗。拆解问题的过程中，你或许可以和霍尔丹一样看到每一部分是如何构成整体的。碰到更理想的情况，简单情形的答案浮现之后，旁人受到启发可能会去探究更为复杂的情形，说不定到头来会在最初问题的解决上帮你一把。攻克大问题之下的小问题不仅能让你对大问题吃得更透，还可能会激励他人同你一起探索。

目的性不可太强
别忘了会有惊喜和机缘巧合

基廷：您的研究这么有创造性，您觉得会像诺贝尔期盼的那样惠及全人类吗？

霍尔丹：对世界的深入理解，尤其是对量子力学的深入理解，当属未来一切技术发展的源头活水。过去我也怀疑过，量子计算机吹过头了吧，但看到认真研究后取得的长足进展，我觉得今后量子力学应该还会更进一步。至于具体是什么，以什么样的形式出现，我也说不准。麦克斯韦也没料到会有苹果手机吧。所以我觉得只要对世界运行的基本原理了解得更清楚，肯定会惠及全人类。

某些时候，一项成果最终将会有何影响远非当时的目力能及，实在难以展望。要是去问 19 世纪中期的詹姆斯·克拉克·麦克斯韦（James Clerk Maxwell）其著名的电磁学定律将会带来哪些影响，他定然无言以对。然而从手机到互联网，再到家里的电灯，现代生活的方方面面几乎都离不开麦克斯韦方程组。人们曾经认为量子力学催生的技术毫无实用价值可言，但如今所有的现代计算机技术都是建立在量子力学的基础之上的。物理学教导世人，对研究的应用性或是有用性妄加揣测，则殆矣。因此不能奔着有利可图去做基础研究，而是因为基础研究本身意义重大。事事皆如此。目的性不能太强这一条需牢记在心。亨利·福特[①]（Henry Ford）曾说，如果人们要什么他做什么，最终只会造出一匹快马。本质使然，突破无法预测。一根筋地朝着某个目标发力可能适得其反。研究的价值在于研究本身，认识了这一点才会有机缘巧合下的奇妙突破，这些突破无论如何也无法未卜先知。

---

① 亨利·福特，美国汽车工程师与企业家，福特汽车公司的建立者。（译者注）

几点心得

· 我总是开玩笑说机缘巧合很难准备。要有耐心，日复一日地努力，别惦记着回报。霍尔丹不清楚自己理论推测的现象会不会被发现，甚至存不存在都尚不可知，但依旧几十年如一日地辛苦研究，凭的是一颗强烈的好奇心。不管结果如何，研究的问题让他乐在其中，这便足矣。尽量去一个工作本身就是回报的地方，埋头苦干间你会惊奇地发现好运频频降临。

· 要意识到自己身处一副宏大的图景中。他人会在你的基础上继续推进。也许是明天，也许几十年后。若是觉得你的工作意义重大，只管努力去做，不必去想图案上的点是怎么相互联系的，有的点甚至不会出现在你这一生当中。当初接力棒怎么传到你手里，如今你便怎么传下去。

· 不必费尽心思去想研究会有哪些实际应用。即便实用性是目标，过于关注也会起反作用，难以实现真正的创新。福特说过，要是听了批评他的人说的话，得到的只会是一匹快马。试着从艺术的角度思考一下：如果人们只关心固有价值，《蒙娜丽莎》只能卖到一堆颜料外加一块画布的钱。

第七章

弗兰克·维尔切克：与美为伴的科学家

弗兰克·维尔切克（Frank Wilczek）是麻省理工学院、亚利桑那州立大学以及斯德哥尔摩大学的物理学教授，与戴维·格罗斯（David Gross）和戴维·波利策（H. David Politzer）一同荣获2004年度诺贝尔物理学奖，获奖理由是"发现了强相互作用理论中的渐近自由"。该项变革了量子物理的成果问世于三十一年前，当时维尔切克还是普林斯顿大学的研究生。维尔切克被授予过麦克阿瑟奖，是美国国家科学院与美国文理科学院的成员。此外，维尔切克写过不少书，其中就有《美丽之问：宇宙万物的大设计》。

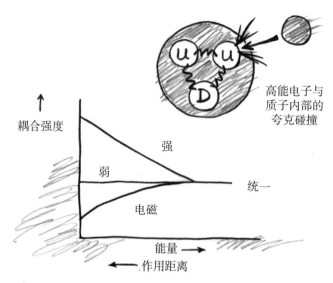

图中所示为强相互作用理论中渐近自由的一个方面：亚原子（夸克）层面能量与大小规模的反向相互影响。所谓的"大统一理论"也预测到在能量足够高时，弱电力（详见第三章）将与和夸克、胶子相关的强核力相统一。维尔切克及其合作伙伴揭示了强核力的性质。

旁人有些东西让我们心生敬意，要么是因为自己身上看不到，要么是能看到却不能完全做到。大概是这个原因，维尔切克的坚忍与耐性让我肃然起敬。这些品质在科学家身上实属难得，是我自愧不如的地方。等了三十一年才等来表彰，维尔切克可谓近乎隐忍，一直以来明知有望拿下诺贝尔奖，却总是与奖项失之交臂，惊人的毅力与韧性可见一斑。更可贵的是他总是心胸开阔！多年以来一直如此，日复一日地钻研本领，深知诺贝尔奖并非成功与否的分水岭，甚至不能作为自己满意与否的标准。与其说我从他那里学到了质子夸克的内在原理，倒不如说学到了要沉得住气、定得住心的品质。

反其道而行之
大胆做出合理猜测

基廷：《美丽之问：宇宙万物的大设计》这个书名颇有一语双关的意味。您说过这个书名是在谈一个具体问题：世界体现美的思想吗？是不是既能将美用于艺术这种充满美感的领域，也能让美成为科学的指引或是工具？

维尔切克：没错。比方说，收集来的信息落到视网膜上，还不足以重构出三维世界，得往里填不少东西，这就要用到一些模式，要用到数学上的规则，当然是下意识地用，而且小时候就学会用了。这也是为什么世界并不是原本设计得有多美，而是我们人类用美的方式去理解世界，让眼中的世界更加协调，去适应这个世界。对称是个不错的指引，因此进化使得人们想去实现对称，将对称用在生活当中。我对美的理解和正统观点正好相反。

想做实验来弄清原子的内部原理可谓难之又难。换个思路，成功的概率将会大大增加：猜想对称性很高的方程，算出结果，看看现象能否解释得通。与其从现象出发寻找具有美感的方程，不如先猜想具有美感的方程，再去推导是否可能描述现实。这么做就好办多了。

维尔切克巧用对称猜想答案，然后回推，给了我很好的人生启示。有的时候，如果心中的目的地无法抵达，不妨重新思考该在何处起程。想好要去的地方，然后往回推。

转换视角
二者看似不同，其实可能都是正确答案

基廷：《美丽之问：宇宙万物的大设计》一书的行文我觉得很能唤起情感共鸣，说是充满诗意也不为过。沃尔特·惠特曼（Walt Whitman）和卡明斯（E. E. Cummings）的诗歌您在书中都有引用。

第七章　弗兰克·维尔切克：与美为伴的科学家

维尔切克： 我喜欢诗歌，诗歌能扩展思维。说到这个自然要提到从不同角度描述事物，用这种方式思考收获会很大。描述分不同的层面，有了诗歌又多了一个层面。我想说的是，不是非 A 即 B。万一两个都对呢？对同一物体或同一现象可以有不同描述，每种描述就自身而言都成立，都是对重要问题的回答，但所回答的问题并不相同。要是想着用同一种描述回答不相对应的问题，可能牛头不对马嘴，甚至压根站不住脚。

我们知道在量子物理中存在着对物体互补的描述，一种是问物体的位置，还有一种是问物体的动量，或者近似理解为速度。物体进行着美妙运动的同时，能量、质量以及频率来回变化。一些充满美感的方程中粒子须为零质量，而现实世界的物体肯定是有质量的。

维尔切克的一番话极具深度，对于人与人之间的"相互作用"同样适用，这么说不是在盲目鼓吹"人人皆为量子波"之类的说辞，而是当两人的观点针锋相对时，哪怕互相看不顺眼，也要尊重对方。说电子是一种粒子是对的，说电子是一种波也是对的。但粒子和波完全是两码事，怎么可能两者都对呢？答案在于互补性。这涉及知觉、参考系、观测方式等因素。当你就一个问题据理力争，或是想要达成妥协之时，别忘了妥协（compromise）与互补（complementarity）的词根是一样的。

如果在宇宙构建单元的本质方面，我们能同意有不同意见的存在，可想而知能从原本以为错误或是方向走偏的对立观点中挖掘出多大价值！如果说大自然从本质上讲就模糊不定，那是否有可能人类的观点也是模糊不定的，有可能既错也对？维尔切克谈到的互补性提醒了我，时常站在对方的角度看问题，如此一来才能对真正意义上的"对"有更进一步的认识。

诺贝尔奖故事
何谓渐近自由？为何它变革了物理学？

> 维尔切克所做的一些研究当属本书中理论性最强的，同时也与古希腊时期便开始崇尚的伟大科研传统一脉相承：将世界一步步细分，探索最里面究竟是什么。轮到维尔切

克时,科学家已经明白"原子"(希腊语中表示"不可切分的")可以被分成质子、中子和电子。物理学家开始探索夸克是否也是可分的。结果是实在难以做到(分裂夸克的能量最终又会创造出一个夸克:试想一块磁铁,有南极和北极;如果将磁铁摔成两半,得到的会是两块带有南北极的磁铁)。维尔切克的贡献是弄清了其中的原因。答案与夸克的一种特定性质有关——渐近自由。

维尔切克的发现好比一座桥,连接了上个十年的理论物理学——以理查德·费曼和朱利安·施温格(Julian Schwinger)为先驱的量子电动力学——并且给出了理解质子内部结构的方法。为了弄清楚大爆炸之后紧接着发生了什么,我们只能观测如今尚可测量的"余震"。理解物质内部的亚结构,即夸克,可以助你一臂之力。

成败无所畏惧
继续坚持便是

基廷:得了诺贝尔奖之后,您有没有觉得自己有那么点儿超能力?

维尔切克：确实有很长一段时间想过"下半辈子"怎么过。我佩服很多获得诺贝尔奖的人，也关注了他们得奖之后怎么过。有的人做得好一些。对我来说，真正成功的，比如理查德·费曼、杨振宁，再比如李政道，是能大大方方领奖，领完奖还能踏踏实实写论文的人。也有些人被这个奖给吓住了，觉得得了这个奖后，不管再怎么做都没法跟之前的成就比，怎么做都配不上诺贝尔奖的盛名了。

我想做第一种人，不想做第二种。所以我当即决定，领了奖要继续写论文，哪怕中规中矩的论文也没关系，写就是了，权当"破冰"。我确实是这么做的。研究没有停下来。好在我的风格一直是做一件事情，尽量有点儿基本的贡献，然后转头去做别的事情。这种做事风格少不了失败，一来二去对失败也习以为常了。不管是得奖前还是得奖后，我都不担心失败，所以没有被这个奖吓住。

成功也好，失败也罢，不要被吓住。维尔切克赢得了人类颁给他的奖，却依旧明白作为人类我们知之甚少。因此，纵使前路会有失败，维尔切克也依旧向着做出更大贡献不懈奋进。维尔切克的坚守和杰夫·贝索斯①（Jeff Bezos）哪天坐着超级游艇退休不同，科学是一场"无限的游戏"。象棋可以赢，但科学永远赢不了。同时科学和象棋一样，都是由众多有限的博弈组成，单个的博弈可以赢，比如终身职位、诺贝尔奖（这个我没希望）。而上升到整个科学领域，肯定赢不了。赢得某个奖项或许不成问题，但想要击败地球母亲定然毫无胜算。艾略特曾说："诺贝尔奖是一张通往葬礼的门票。不论是谁，奖项到手便再无建树。"维尔切克将其彻底推翻，给人们注入了继续前行的强心剂，彰显的是人类的好奇心和永不磨灭的热情。谨记务必要让合适的思想激励自己。

注意自己的注意力
想清楚要集中精力做什么

基廷：是什么让您决定是时候再写本书了，或者是时候开始一个新的项目了？有固定标准吗？还是说对什么感兴趣就做什么？

---

① 杰夫·贝索斯：美国亚马逊公司创始人，多次登顶全球富豪榜榜首。（译者注）

维尔切克： 我有这么一套操作流程：思考、把玩、再思考。一件事先思考一下，然后在把玩中发散思维，接着再想一遍，看看有没有新的发现。有两个基本要素：首先，这件事得很重要；其次就是，我要知道自己是可以做些什么的。

那怎么确定事情重不重要呢？说一件事重要，维度有很多。如果是基础性的，可以说重要，也就是这件事有关世界运行的基本原则，基本到没法用更基本的原则来阐释。一件事重要也可以是因为它对世界有用。有用的定义范围很广，比方说通过某种方式拓展了知识的边界，又或者是让之前看不见摸不着的东西可以观测了。说回重要性，哪怕是让一些事更漂亮了，更有美感了，对世界的描述更完善了，也是重要性的体现。

再有，要是察觉到我们对世界的理解存在错误或者存在空白的话，又满足另外一个基本要素了。你可能开玩笑说遇到这种情况太烦了。简而言之，重不重要、能不能处理、烦不烦人是我坐标系里的三条轴。

在生活中遇到一些事情，若是觉得重要，觉得自己可以带来改变或者影响，或是因其不够完善而心烦意乱，要注意了。

这些都是关键指标，说明你感兴趣，会在这些事情上有所作为。另外，培养注意这些关键指标的态势感知也很重要。维尔切克的标准如果对你不起作用，那就想出一套自己的方法来判别对什么感兴趣，对什么好奇。它会带你踏上更能给你成就感的道路。让注意力成为自己前进的向导。注意力往哪儿放不能儿戏。从某种程度上讲，注意力是最易失去的资源。

虚怀若谷
谨记自己不懂的有很多
想象一下还有多少是自己不懂的

基廷： 如果说复杂性是宇宙的一种涌现性质，那您相信会发现地外智慧生物存在的证据吗？要是真的存在，会有类似宗教和文明这些体系吗？

维尔切克： 有间接理由怀疑有可能存在大量的地外智慧生物，没见过不代表没有，只是离得太远，交流起来有难度。拿地球来说，环境一旦没那么恶劣了——地球一凝固、冷却、有了一定的稳定性，加上形成了液态海洋——没过多久就有生命出现了。生命起源需要的化学条件是很复杂，但还没有复杂到无解的地步。人类正在发现的大量行星，这里是说太阳系外行星，我相信大概率会有生命出现。系外行星多的是，银河系里数不胜数，很可能有几十亿的潜在（生命形式）。这还只算了银河系的，银河系之外还有很多很多别的星系。

我很有把握宇宙中存在大量生命。不过反观地球的生命史，多细胞生物的出现用了很长一段时间。其出现需要特定的条件：稳定性、周围有合适的天体、充分进化。月球绕地做圆周运动，搅起潮涨潮落，地球上还有板块运动。虽说缺了其中任何一个条件会怎么样谁也说不准，但从简单生命形式发展而来确实不容易，这一过程相当漫长，花了几十亿年的时间。在此基础上再发展到我们所认为的智慧生物，能使用语言，能理解抽象概念，可以说只有人类做到了。当然了，技术发展不过是近两百年来的事。

我觉得，就算地外生命普遍存在，地外智慧生物和地外技术可能少之又少。我对 UFO（不明飞行物）没那么大热情。不过话说回来，亚瑟·克拉克的第三定律讲到，"任何足够先进的技术都与魔法没什么两样"。所以我怎么讲得清先进的文明在做什么呢?

先说一点,突然冒出这句克拉克的名言太让我感动了,播客《进入不可能》每集都以这句开场。此处我看到了维尔切克的虚怀若谷,大方承认自己不懂的还有很多,不贸然对任何一方下定论,而是聚焦我们确定已知的,聚焦可在比较分析中派上用场的任何证据。不同于有的物理学家,维尔切克乐意探讨地外智慧生物这一话题,仅这一点就足以让我心生感激与敬意。

不认同的,不要一味贬低
于他人而言重要的想法,我们也能从中汲取养分

基廷: 您在宗教上的学习了解,有没有解决过一些您研究中解决不了的困惑?还是说宗教仅仅是一种哲学?宗教对您而言意味着什么?

维尔切克: 我不信奉任何既定的宗教。我从小焦虑不已,到了十来岁还是。在罗马天主教中耳濡目染长大的我,对这

一宗教曾经特别痴迷。我的很多文化基因都是从这里传承下来的。它已经成了我知识体系的一部分，现在我还会借鉴其中的思想。我对这一宗教至今都很崇敬，很仰慕。它有许多不足，还非常复杂，很能体现人性，但有的内容也相当具有美感。

如果和你我一样，在20世纪、21世纪的美国长大，犹太—基督教传统可以说是躲不开、绕不过的，这一传统无处不在。对其视而不见，或者一味贬低，又或者想将其污名化，都好比自断臂膀，只会失去文化参考。世界上有些事情科学没法给出答案。科学能让你对不同选择的结果有深层认识，让你头脑相应聪明一些。但科学没法最终决定你想做什么、什么对、什么好、什么不好，以及上述这些分别包含哪些内容。

因此忽视这些传统、贬低这些传统在我看来并不可取。秉持互补性的原则，不妨借鉴这些传统，我们可以进一步理解具有不同宗教背景的人，但前提是得认真对待，尽力去体会他们在想什么。

出于让自己科学家的工作更加轻松，出于对研究内容进行单独分析的目的，凡是不在实验范畴内的，凡是对实验没用的，我们通常忽略不计。这种做法固然好使，但也不无危害。透过维尔切克的一番话，我看到了他在对待其他影响人类的事情上，也会如同对待宗教一般，不会随意忽视。这让我很是欣赏。在生活和工作中做这样的有心人实属不易，同时也意义非凡。

诺贝尔奖得主的思想天地
既是天才，也是凡人

您受到过冒充者综合征的困扰吗？

维尔切克： 说实话并没有。这么说是有原因的，很具体的原因。冒充者综合征我上大学的时候就克服了，甚至可能早在纽约市的教育体系中就克服了，因为总是有考试、评分，还有按能力分班。早期的出类拔萃让我建立了信心，对搞研究的科学家来讲这太重要了。信心好比纯金，有了信心你就有底气去多角度地思考问题，不会太过在意别人是怎么想的。而且你会相信自己有机会做得比别人之前做得更好，这样一来你就敢于向更大的问题发起挑战。

您想给人类留下什么样的精神财富？

维尔切克：除了自己的研究，其实我还在着手创造更加广阔的精神财富。我想充实家人的生活，充实我在世界各地许许多多朋友的（生活），还有我在上海、斯德哥尔摩推动发展的研究机构。我盼望着这些都能越来越好。我目前还在写悬疑小说。我打算将我在《华尔街日报》各个方向的专栏内容整合起来，为文化和科学应用开辟空间。要是有机会的话，比方说涉及气候变化、核武器的控制，或者解决人工智能的挑战，等等，我都乐意贡献自己的智慧。

如果您有一块能保存十亿年的巨碑，您会在上面放些什么？

维尔切克："核心理论"（维尔切克对于"标准模型"的称呼，描述的是已知的自然法则）可以封装在简短的计算机程序里。这个程序我会存进一个U盘里。

要是您可以穿越回去，给年轻的自己一条建议，让自己有勇气进入不可能，您会给什么建议？

维尔切克： 放手去探索，没什么不好意思的。探索之前做好准备，不是说学到了什么东西、掌握了什么技能立马就要用上。深入挖掘之前或者深入挖掘的时候要进行探索。要有充足的时间进行充分的思考。

几点心得

- 维尔切克的耐性着实令人佩服。这种坦然面对生活的心态值得我们每一个人学习和借鉴。不论是翘首以待宝宝的出生、婚礼的到来，还是博士研究生的毕业，我们都要享受过程。旅途本身就是馈赠，这是花团锦簇的目的地无法比拟的，况且终点会是怎样一番景象还未可知。

- 人们时常感叹维尔切克年纪轻轻就做出了日后赢得诺贝尔奖的研究。这固然没错，但拨开表象，我们看到的更多是"累积知识"。维尔切克所受的指引不仅有自身的直觉，还有对前人相关研究的详细分析。累积知识让物理学家受益匪浅，哪怕是错误的知识。最终的成功是累积的，智慧也是累积的。我更多感叹的是维尔切克在完成获奖研究之后，还在为集体知识贡献力量。

· 维尔切克教会了我要想办法树立信心——别忘了树立信心的办法多种多样。和学生交谈的时候我会指出，大满贯固然重要，但计分板上的每一分同样也很重要。每一次得分都为自己喝彩，我们就能从中树立信心，说不定还能像维尔切克一样顺便克服冒充者综合征。

· 很多科学家会对上帝、精神性闭口不谈，维尔切克却没有避而远之，这让我又多了一份敬意。维尔切克愿意谈论，且似乎乐于谈论宏大的话题，甚至请到迪帕克·乔布拉（Deepak Chopra）等新时代的权威推广他的书籍。在我看来，这样的维尔切克颇有深度，人们会非常乐于接受，而且他本人和作品之间也建立起了联系。我想他可以和我谈上几个小时，也愿意和我谈上几个小时。用我的话来讲，他给我们的对话带来了大量的"灵魂性"（他可能不同意用这个词）。维尔切克这样的人可以说是凤毛麟角，智商一流，情商也毫不逊色。

第八章

约翰·马瑟：合作大师

约翰·马瑟（John Mather）是美国国家航空航天局戈达德太空飞行中心的高级天体物理学家，同时还是马里兰大学计算机、数学和自然科学学院的物理学教授。马瑟与乔治·斯穆特（George Smoot）因"发现了宇宙微波背景辐射的黑体谱和各向异性"一同荣获2006年度诺贝尔物理学奖。该研究为团队成果，利用宇宙背景探测器（COBE）这颗卫星几乎证实了大爆炸理论，并且让宇宙学家的地位得以提升。之前宇宙学家经常被"真正的"物理学家嘲笑"错个不停还自信得很"，现在则是"精密科学"的生动写照。

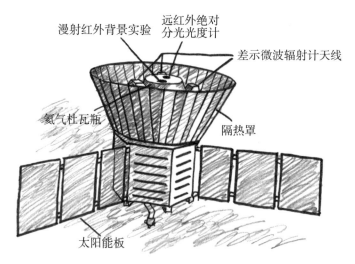

图中所示为 COBE（宇宙背景探测器）卫星的主要组成部分。尤其值得注意的是 COBE 的远红外绝对分光光度计，该部分有力证明了宇宙微波背景辐射是宇宙早期温度极高、密度极大阶段的副产物，当时的整个宇宙基本上是一个聚变堆。

20 世纪 90 年代早期，我还是个刚入行的年轻学生，不好意思说自己读书是要当宇宙学家，因为宇宙有很多重要性质我们根本一窍不通。多亏了马瑟的研究，这一局面才得以扭转。举个例子，那会儿我们还不知道宇宙的年龄到底是 100 亿年还是 200 亿年。好比对面有个人，看不出人家是小伙子还是老大爷！银河系里我们知道的有些恒星据说比宇宙的年龄还要大。这无异于说孩子的年纪比父母大。开什么玩笑！

马瑟及其团队在 20 世纪 90 年代早期的研究成果表明，之前模棱两可的数字，现在精确度能得到大幅提升。模棱两可的问题解决了，前途明朗了许多：就干这行了。

和有些获奖者一样，马瑟让"诺贝尔奖一到手，科研生涯就到头"的论调不攻自破。20 世纪 90 年代 COBE 取得发现之后马瑟迎来了巨大的成功，2006 年赢得诺贝尔奖之后他的成功故事还在延续。目前，马瑟是詹姆斯·韦伯空间望远镜的项目科学家，该项目跨度长达数十年，耗资高达数十亿美元，旨在继承和发展哈勃空间望远镜的发现。马瑟从宇宙微波背景辐射转到截然不同的领域，足以说明他的学识既有极大的深度，又有极宽的广度。马瑟在詹姆斯·韦伯望远镜项目中扮演的角色和在 COBE 中的同样重要，所以该项目想必也会取得巨大成功。

别盯着结果不放
一件事如果你不觉得不可能，也许真的并非不可能

基廷：您导师那里有没有什么好玩儿的事想和我们分享的？

马瑟：我的博士论文导师保罗·理查兹（Paul Richards）说的有句话到现在我还记得，"你在讲话的时候，人家不可能所有内容都听得明明白白。你要做的是想好哪三点是你最想他们弄懂的，然后把这三点讲透。"

基廷：您导师的哪一条建议对你影响最大？

马瑟：想要（让人有真正的成长），就给他们特别难的难题，不可能做出来都没关系。别跟他们说不可能做出来，让他们自己去折腾。我也向这样的难题发起过挑战，然后难题一点点被攻克，最终真的造出了 COBE 卫星，甚至还造出了詹姆斯·韦伯空间望远镜。其实整个学界都是这么一点点做起来的，一步一步地造出更加先进的测量设备，放在以前这种设备完全是可望而不可即的。

经常有这种情况：我们在研究某个东西的时候，总觉得不可能成功。也许确实不可能，也许有这种感觉是因为离最终的突破只差临门一脚。若是不坚持到底，失败恐怕已成定局。每个人想要成功都得坚持到底。只要不早早放弃，一件事能不能成谁也说不准。

第八章 约翰·马瑟：合作大师

> **诺贝尔奖故事**
> **何谓 COBE 卫星？为何它变革了物理学？**

COBE 卫星及其伟大发现是约翰·马瑟、同获诺贝尔奖的乔治·斯穆特和整个团队造就的。该卫星灵敏度极高，能进行纯净高保真的测量，测量结果近乎完美，没有工具能望其项背。通过 COBE 的测量团队证明了，而且是"毫不模棱两可地"证明了我们的宇宙曾经是一个核聚变堆，产生了元素周期表上最轻的一些元素，这些元素成为创造恒星的原料，恒星又会产生行星和人类。

马瑟和团队极其精确地揭示了宇宙诞生后的核反应堆中原子核的内在性质，不仅让我们精确地了解了宇宙的构成，而且可以说是推翻了所谓的"稳态宇宙"的观点。马瑟及其团队成员让大爆炸的理论得以推广，他们的研究成果问世之后，只有非常少的一群人仍然认为没有发生过大爆炸。

万一自己错了呢
也别神经兮兮，到头来费时费力

基廷： 有些人很聪明，但信的却是非正统的东西，对这样的人您有什么想说的吗？

马瑟：（我总觉得没啥好争的，既然他们心意已决，肯定是有自己的考虑。不如这样问，"为什么有别的证据，你还是愿意相信这个呢？"当然我没这么问过。站在旁观者的角度，我会想，"他们怎么会觉得自己的想法那么完美无缺呢？我觉得他们做不到，但他们肯定觉得自己可以！"）

基廷： 在您看来，科学上可能做到所有人意见一致吗？即便不一定实现得了，您觉得朝这方面努力有没有好处？

马瑟： 我觉得这个目标没什么好藏着掖着的。什么事情最让人高兴呢？就是当发现我们所有人都错了的时候。这样一来我们就都有事做了，也算取得了一定的进步。

基廷： 理查德·费曼说过，"科学是相信专家的无知"。

什么意思呢？举个例子，如果爱因斯坦对牛顿的话深信不疑，那我们就永远不会听说广义相对论了。我从没听到哪位科学家说，"某某科学家名气很大，所以他说什么我信什么"。

马瑟：哈哈，我们不会这么做。大众可能会觉得我们科学家都是"团体思考"，因为我们的口径相当统一，但那是因为相关证据太有说服力了。所以并不是像一些同事想的那样，我们陷在了团体思考当中。在我看来，我们一直在探索有没有可能我们所有人都错了。当然了，每个科学家都要做出权衡，这么做能有什么回报。所以如果你在一个基本没有可能的地方找来找去，想找出发现，忙活一阵到头来可能会累趴下。

我总觉得，当一项发展被人们当作正统理论接受的时候，尝试找出不同观点至少可以加强正统理论。因此在我看来，非正统理论也有其价值，能帮助我们避免团体思考的危害。诚然，马瑟说的不错，非正统理论太多并不是一件好事，探究这些理论到头来浪费时间，还会分散一直以来研究的注意力（当你成就越来越大的时候，找到平衡点至关重要。你飞得越高，人们越会对你展开猛烈的攻击）。但也要记住，非正统观点有时会带来突破。1927 年勒梅特首次提出大爆炸的想法时，属于非正统观点。关键要在正统理论的丰碑上凿出一个裂缝，让光线穿透进去。推翻一座丰碑需要巨大的力气、漫长的时间，因此稍有裂缝并无大碍。若是选择保险起见，不凿缝，不透光，你将永远无法成长、无法适应、无法改变。

要防卫，但别太过
做好本职研究

基廷： 在科研上，研究得到证实、科学家达成共识需要很多年的时间。在这段漫长的时间里，别人攻击您的观点，您会怎么应对呢？

马瑟： 科研上的工作有很多，各不相同。在我看来，我的工作是把设备造出来，拿来测量，至于（对证据的）解释是别人的事。所以如果我说"这是我们的发现"，说明我觉得发现是对的，这个发现已经尽我们所能了。我们有一个庞大的科学家团队，每个细节都前前后后研究过了，找不出哪里错了,想不出其他成员哪里会错,宇宙也不会跟我们开玩笑。这就是我们的工作。很多人会说,"不是啊,你们肯定搞错了"。当我们在天文学学会上展示波普,全场起立喝彩的时候,有人听到鼓掌的人说,"这下他们心服口服了"。

最终,批评马瑟的人发现自己的说辞根本站不住脚。面对批评,马瑟不屈不挠,一次又一次地回归证据本身。倾听批评、回应批评固然重要,但不要内化批评同样重要。某些时候你所在的领域中,有些人会一味突出自己的存在,而忽略了推动人类知识进步的共同愿景(其他领域可能有对成功的其他定义)。坚决捍卫研究成果,敞开合作大门。虽然躲不掉这样的诋毁者,但是可以坚定意志、耐下心来,历史自有评断。

接受自己做不了的事
让团队助你一臂之力

基廷: 想请教一下团队的事情。您是怎样聘请一个项目中的首席科学家的呢?怎样从团队的角度思考工作该如何开展？怎样管理团队、打造团队、让团队有共同的价值追求？

马瑟：我倒是希望我能答得上来！刚到戈达德太空飞行中心的时候，我只有三十岁，心想："我什么也不会呀！之后和科学家、工程师同事一起开会，我们将一起战斗，但我不是管这个项目的人，千万别找我。"怎么也想不到我会管理这个项目。戈达德安排了专业的科学家、工程师，他们之前是我的管理者和导师，为了最后的成果他们真的付出了艰辛的努力。所以我们可以说是加入了一个现成的组织，组织里基本上各色人才都不缺。人们觉得应该由我做的事情，其实他们都能做得来。

马瑟教授的经验弥足珍贵。作为一名诺贝尔奖得主，能传授如此经验，他的谦逊为人可见一斑！马瑟不谙管理之道，因此力求请来合适的专家，倾听他们的想法。从这个角度讲，马瑟是一位"仆人领导"。他不摆架子，只求请到胜任工作的最佳人选。在职业体育中，一支队伍的管理者要做的是汇集出类拔萃的运动员，而不是成为出类拔萃的运动员。

狂风之中俯下身子
山雨欲来之时灵活应对

基廷： 在 1986 年"挑战者号"航天飞机灾难之后，您在 COBE 上的计划几乎要从零开始。请问您是怎么克服这类重大挑战的呢？

马瑟： 谈不上什么宏大的计划，兵来将挡，水来土掩吧。一些管理人员说，"总能找到办法，付出了这么多不能说放弃就放弃"，每个人心里都是这么想的。所以说，"重新造个火箭吧"。没有火箭时造一个火箭太了不起了，我们做到了。由于没有完整的火箭，需要用现有的零件进行组装。尽管如此，大伙都知道这个项目有多重要，不能轻易放弃。大家明白这一关过了，COBE 卫星将是我们（美国国家航空航天局）在"挑战者号"之后，首次在科研上发射的东西。

运气有好有坏。有时会有意外之喜，马瑟前面提到过。有的时候，运气会给你当头一棒。"挑战者号"不仅对于痛失宇航员的家庭是一场悲剧，对科学以及整个国家也是悲剧，对美国国家航空航天局而言更是悲剧。该航天飞机原定于次年发射 COBE，此事一出，COBE 项目很有可能宣告终结。可即便如此，整个发射项目只是暂时搁置，进入安全休整期，诺贝尔物理学奖得主理查德·费曼参与管理。

幸运的是，项目得以继续推进，美国国家航空航天局重整旗鼓之后变得更加强大，更有韧劲。最终，团队坚持了下来，练就了过硬的心理素质，能于逆境之中涅槃重生。马瑟的回答让我想起了一句名言，"狂风之中，青青的芦苇俯下身子，高大的橡树却轰然折断"。在这里，芦苇可能比橡树更强大。硬实力的确是一种长处，但有些事情完全超出了你的掌控。逆风不可避免，要懂得灵活变通，快速适应，风雨之后见彩虹。

有竞争，更有合作
取胜远非最终目标

基廷：在大众的想象中，科研可能是赞美、自我、政治这些东西。您在和大众接触的过程中，会怎么跳出这些局限的认知呢？

马瑟： 在我看来，即便是竞争对手，也是一起做科研的。你研究一个项目，我也研究一个项目，测量的还是同一个东西，但得出的答案却不一样，这就很有意义。我们的目标是收集证据，不是争强好胜。证据有了，本身就是胜利！我觉得一名优秀的科学家总会这么说，"我想获取更多的证据，不会逼着谁相信我，仅仅只想获得更多证据。"说到赞美，我不怎么放在心上。想要得到赞美，唯一的办法是给予赞美。要是你觉得可以通过宣扬所做的事情博得赞美，那种赞美只能持续一周，之后人们会觉得你是浪得虚名。其实，即便感觉上不是，大家也都是一起做科研的。

科研上对名望与赞美的争抢不亚于世界五百强之间的较量。马瑟启示我们，科学家追寻的最终目标是真理。存在竞争没有关系，但竞争不能成为追求真理的拦路虎、绊脚石。科学家是这样，其他人亦如此。对于科学家而言，不论一路上取得了哪些星星点点的成就，最终目标是完全一致的。再比如汽车推销员，或许通过玩弄政治、争抢赞美可以在短期内提升销量，但是若能让人口口相传其为人正直讲信用（即便要将客户拱手相让）的品质，时间一长，他的业绩定然会非常好。

诺贝尔奖得主的思想天地
既是天才,也是凡人

您有没有和冒充者综合征较过劲?

马瑟: 每天我醒来之后,就研究一些自己还没弄懂的东西。所以说我每天都不知道答案,都是冒充者。那我能做什么呢?没得选,我的工作就是干这个的。没弄懂的东西我得去搞懂。有的时候我心想,"那谁可聪明了"。我该怎么做,向他请教?我们不要想着怎么压他一头,而要想着怎么和他并肩作战。

众所周知,诺贝尔的奖金旨在奖励所做发现不仅有趣,而且惠及全人类的人。从这个角度讲,诺贝尔留下的既是物质遗产,更是精神财富。那您想给所在领域的后辈们留下怎样的精神财富呢?

马瑟: 这个问题好难呀。我觉得我们不一定能看清事物的全貌是怎样的,但能看到局部,我希望能扩展开来。可以给自己打气:"我要和身边的人一起,全力以赴"。大伙一块向前进,不抄近道。很明显,人类社会要是不想过个几百年就灭亡，一定得充分相信科学家和工程师的研究。所以我在往这个方向努力着。

要是有一个可以保存几百万年甚至几十亿年的时间胶囊，您会在里面放些什么？

马瑟：如果还有旅行者号唱片会飞出太阳系，我想在上面放一份联合国的《世界人权宣言》。这么做是想表达我们都是地球的一分子，而且我们确实是希望能够怀着敬意和尊严去对待自己，对待他人。我觉着这一点是可以实现的，只是我们需要更好地理解自己。

如果可以和二十岁的自己对话，您会说些什么，让从前的自己更有勇气、更具智慧，勇闯不可能？当然您本身已经闯过不可能了。

马瑟：其实大家都一样，不知道未来会怎么样。我们都有机会探索前人没探索过的东西。科学家就是干这个的，可以说所有人都是干这个的。有的时候脑子里冒出一个想法，我会觉得，"要是能做成的话可太酷了"，但通常是不可能做成的，或者说几乎不可能。之所以觉得好玩是因为总会这么想,"为什么不试一下,结果怎样谁知道"。

几点心得

· 不要奔着赞美而努力,重心放在合作上。两度担任美国总统的哈里·杜鲁门(Harry S. Truman)虽未拿过诺贝尔奖,有句话却广为人知,"若是无所谓谁获赞美,成就一定十分辉煌。"马瑟听后想必感慨,英雄所见略同。

· 马瑟之所以让我深感共鸣,是因为他身体力行地体现了"局部思考"的力量。马瑟直言他的工作是收集证据,并非进行证明。他强调要打造一支所需人才应有尽有的团队,并且指出每个人只能看到图案的一部分,在团体的力量下,这些部分不断扩展,最终就能一睹整张壁毯的恢宏气势。若是人人都能做好本职工作,不抄近道,不互相中伤,所有的事情都能做成,宇宙也会更加丰富多彩。正因如此,需要明白每天所做的事情意义是什么,对整首交响乐有何贡献。只有当交响乐中的每位音乐家齐心协力,才能见证共同努力的意义所在。

- 不必纠结自己的研究可不可能有结果。觉得一件事情不可能，这种想法本身就有局限。奥黛丽·赫本（Audrey Hepburn）曾经说过："没有什么是不可能的，'不可能（impossible）'一词本身就表示'我可能（I'm possible）'！"一次迈出一小步，看看能走多远。有的难题马瑟当初觉得不可能攻克，之后难题却"节节退败"。一次迈出一小步，遇到挑战时也能快速调整前进的方向。

第九章

巴里·巴里什：慈祥的长者

巴里·巴里什（Barry Barish）是加州理工学院林德物理学荣誉退休教授，加州大学河滨分校教师，1997 年担任 LIGO（激光干涉引力波天文台）项目的负责人。巴里什与雷纳·韦斯（Rainer Weiss）、基普·索恩（Kip Thorne）以及团队一同荣获 2017 年度诺贝尔物理学奖，获奖理由是"对激光干涉引力波天文台以及观测引力波所做的决定性贡献"。投身 LIGO 实验之前，巴里什致力于建设超导超级对撞机。该粒子加速器虽然备受瞩目，国会却于 1993 年决定停建。巴里什还曾获得过众多奖项，是美国国家科学院的成员，2011 年担任美国物理学会主席。

两个黑洞的质量均大约为太阳的 30 倍,在距离地球大约 13 亿光年的地方相互绕转。两个黑洞相互碰撞会产生极强的引力波能量,这种能量最终于 2015 年 9 月被 LIGO 探测到。

巴里什方方面面都有造诣,既有源于实践的专业技能,又通人际交往技巧,会激励人心,能有效领导,而且深谙科研之道,懂得何时放手,何时开足马力。

别的科学家常常不以为意的软技能,巴里什都能精通,比如人际关系、社交圈子、指点他人以及沟通交流。种种这些是因为巴里什的内心总是燃着一股好奇。访谈结束后,他问是否可以采访我,因为他对我的第一本书《失去诺贝尔奖》

中谈到的一些挑战颇为好奇。他的采访我一生难忘,令我激动不已。巴里什完全是一个坦坦荡荡的人。后面会看到,他不惧展露脆弱的一面。我盼着能成为像他一样的科学家,像他一样的人,宽厚和蔼,富有真知灼见,为人忠实,眼里满是慈祥。我不仅希望自己这样,而且希望那些将未来托付于我的学生也如他一样。

不可过于安逸
不安带来成长

基廷: 您加入 LIGO 实验,也就意味着离开了粒子物理学。离开研究了大半辈子的领域,您会慌吗?

巴里什: 好玩得很!怎么会慌呢?慌,要么是因为之前的研究太安逸了,说明没有逼自己一把,要么说明对做的事情没有好奇心。我做的事情五花八门。

一番对话下来,巴里什的胆识可见一斑,着实把我愣住了。我这才恍然大悟,成长有时会伴随着苦楚,但这些苦楚也是新发现的催化剂。跨界到全新的领域后，之前练就的技能依旧会为你保驾护航。这时，既有新手灵活的思维，又有几十年经验积累下来的强大技能包，两者合二为一无疑会所向披靡。我们应当尽可能多去尝试跨界这样的挑战，缺少面对未知的恐惧，我们就会停滞不前甚至不进则退。这样的挑战是成长的良机。秉持这种心态，事业就会变得很有趣。听了巴里什的话，我在思想上多了一份坚韧，并能够敞开心扉去迎接改变，直面恐惧。

将辉煌抛诸脑后
盯着赞美不放，只会事与愿违

基廷： 超导超级对撞机停建，您才能抽出身来研究 LIGO。要是没有停建，可能就没有 LIGO，也不会因此获得诺贝尔奖。现在回过头看，超导超级对撞机停建对您来说也是一件好事情？

巴里什： 你说的有道理，我们探测到引力波，我也出了一份力。不是所有（让我们做得更好的决定）都是我做的，但有些是。

巴里什没有正面回答获得诺贝尔奖的事情，不过我还是把这段话放了上来，是想表明巴里什从来不是奔着诺贝尔奖获奖去的。他的格局在我之上。个别情况除外，大多数诺贝尔奖得主不会在意他人的赞美。能做到这一点相当厉害，可能因为我自己总是惦记着诺贝尔奖（正因如此，我可能永远无缘）。对赞美不为所动，内心便会得到解脱，将会更加潜心于研究，最终反而收获掌声一片。

诺贝尔奖故事
何谓引力波探测？为何它变革了物理学？

> 基普·索恩、巴里·巴里什和雷纳·韦斯以及团队共同打造、共同发展了 LIGO 实验，并公布了所取得的成果。LIGO 在人类历史上第一次直接探测到了引力波。引力波是时空曲率中的细小涟漪，以光速运行。引力波的探测变革了人类对于黑洞、中子星等所谓致密天体的理解，以及对于致密天体在宇宙天体物理学过程中扮演角色的理解。探测到引力波与伽利略发现月球上的环形山一样，不仅是天文学的转折点，更是人类历史的分水岭。

> LIGO项目不仅汇聚了强大无比的技术，比如激光和真空技术，而且贯通了不同的知识领域。LIGO项目需要理论物理学家与实验物理学家精诚合作，两者结合才能催生这一伟大的发现。事实上，早在1916年，爱因斯坦便预言了引力波的存在。只不过由于20世纪的技术存在巨大的瓶颈，爱因斯坦认为引力波不可能探测得到。几十年来，关于引力波只有间接证据。好在LIGO团队坚持了下来，这一坚持就是四十年：筹措资金，提升大众认知，坚信这一理论上的波可以测量，可以"看到"。这种坚守本身就是一项伟大成就。

"老狗变出新把戏"
使用旧工具，运用新方法，解决新问题

基廷：您觉得在LIGO上的研究工作哪方面最有意思，最引人入胜？

巴里什：我总觉得，LIGO是在用全新的方式观察天空，它靠的是引力而不是光子，要用这种观察方式进行全新的天文

学研究。由于引力波没有被吸收，如果能看到直接来自宇宙早期的引力波，就能反观宇宙早期的情形，而不是几十万年之后的样子。这是一种新方法，这样的方法我觉得很是浪漫。

由此可见运用新视角使用旧工具的强大力量。表面上看，LIGO 与其他类型的天文台没什么两样，都是利用以光速传播的信号获取浩瀚宇宙的信息。但同时 LIGO 又是一项截然不同的技术与研究领域。它给天文学领域带来了变革，可与之相媲美的是伽利略在 1609 年的壮举。伽利略是首个使用望远镜观察天体的人，望远镜的使用变革了我们对整个宇宙，对地球所处位置的理解。从那时起，人类就用望远镜研究星系起源、恒星起源以及时间起始。我们尚不清楚 LIGO 还会带来哪些发现，这些发现又会带来怎样的惊喜。有的时候我们可以使用旧工具解决新问题，只是用不同的方式来处理它们。

别误解了"不可能"
有的事情不可知，有的只是尚不可知

基廷：谁说量子力学和引力一定要统一，一定要有所谓的万物理论？会不会是因为爱因斯坦等人朝这方面努力过，所以我们也跟着尝试。

巴里什： 说的有道理。科学家嘛，肯定会觉得有东西能把量子力学和引力联系到一块。我觉得这方面值得研究。但能说这么研究一定能通向事实吗？我不觉得。说不定这个研究方向错了。但是寻找引力波或者是宇宙微波背景辐射，这些之前没见过的东西，要是百分之百确定方向是对的我们也不会去研究了。所以要对研究对象有希望：希望找到正确答案，希望在这方面取得切实进展。

看似不可能的事情，巴里什及其团队大胆尝试，勇气可嘉。为了对可能性的界限一探究竟，他们必须进入不可能。在伽利略时代，主流观点认为月亮是平滑的球体，由完整晶体构成，不可能是别的情况。该观点一定与事实吻合吗？并不是。伽利略敢于设想看似不可能之事。有的事情很有趣却完全不可能实现，例如人类进入黑洞的事件视界，然后再活着出来讲述所见所闻。有的看似不可能，其实只是技术层面还欠火候。LIGO 打算进行的测量，看上去要靠魔法才能实现，但团队并没有望而却步。正如亚瑟·克拉克所言，"发现可能性极限的唯一方法，就是冒险越过极限，进入不可能。"巴里什及其团队便是最好的注解。

手头的东西别放过
还能派上用场的不要丢在一边

基廷： 就您个人而言，您对"哈勃争议"感兴趣吗？

巴里什： 其实我们测过哈勃常数。如果十年之后争议还在的话，我觉得我们能给出定论。但要做到这一点，得有成千上万倍的数据。在我看来，限制我们的不是系统，而是没有足够多的数据。要我说再有十年就能给出定论。LIGO 就可以担此重任，用不着再弄一个工具。对 LIGO 进行一些改进就能搞定。

诚然，为了精确测量哈勃常数，巴里什团队需要大力改进 LIGO，但他表示不必耗资几十亿打造一个全新的工具，换了工具也不一定能够得偿所愿。手头的工具要好好使用。"榨干"现有资源，之后再考虑跳上崭新的梦幻"马车"，虽说这架马车未必一定能够载着你抵达你心中的目的地。充分利用已有资源,之后再想"辞旧迎新"。

放手去冒险
不要让好点子扼杀在摇篮里

基廷：请问您会在什么时候叫停实验,什么时候实验继续？

巴里什：我们的科学并没有想象中发展得那么快,为什么？最大的问题是体系太过保守。我们喜欢搞什么同行审查,同行审查其实是很保守的。项目申请资金的时候,要是项目不走寻常路,审查就不会打出清一色的"优"。我的经费来自对国会负责的美国国家科学基金会。我们得能够包容失败,至少包容程度要比现在高很多才行。做实验得追寻梦想,要放开他们的手脚,那样我觉得科学才会向前迈进一大步。

巨大的成果得冒巨大的风险,这与贯穿本书的一个主题不谋而合:"无用的"研究意义重大。"无用的"研究一旦成了，将会迎来伟大的发现，例如发现遥不可及的星系中黑洞相互碰撞、超新星爆发。有的时候，一开始过于保守，会影响到最后的高回报。

量身定制
没有普适之法

基廷：作为一名管理人员，您对用谁、怎么用向来慎之又慎。之前我曾请教过您，管理有没有诀窍，要读什么书、上什么课、跟哪些行家学。您总是说："不好意思啊基廷，没有什么诀窍。"请问您是怎么培养自己的科研管理技能呢？

巴里什：首先一点，管理得由科学家来做，大量的决定与科研相关。叫一帮干管理人做不可行。不过想要管理得好，关键还要融为一体。比方说，在 LIGO 项目上，我们有世界顶尖研究激光的人才，做控制的小组也很给力，等等。那么，怎么样才能把他们拧成一股绳呢？除此之外，一个组织里如果存在"变化控制"体系，想办法将其取缔或是弹压，这样的体系会抑制改变，不论什么时候都要能尽可能地立足当下，展望未来。

我惊呆了。决定如何管理之前,巴里什跳出所在的圈子,研究了传统组织架构与管理体系,确定哪些可以为己所用,哪些不能。巴里什所在的学术圈没有工业、金融等行业森严的等级制度,算不上传统领域。一番研究下来,巴里什大体上反其道而行之,为自己的项目量身定制了一个管理模式。没有所谓的普适之法。试想一下,若是各行各业的组织都能先学习"金科玉律",然后再取其精华去其糟粕,进而创建自己的模式,这种体系运行起来该会多么高效啊!

诺贝尔奖得主的思想天地
既是天才,也是凡人

> 您想给人类留下怎样的精神财富?
>
> **巴里什:** 我要谈的很现实。孩子小的时候,六七岁,对什么都很新奇,什么都想刨根问底;但等来了加州理工学院,就不再问问题了,一心只想着把作业做完。只有问

题实在解决不了了，才会找你提问。也不知道是怎么回事，我们的教育体系扼杀了孩子们的好奇心。甚至还有这样一句害人不浅的话："好奇害死猫。"这话实际上是在告诉你，别什么事情都想去试，会引火上身。我想说：任何人只要好奇，就大胆去做，好奇心害不了你。

您在年轻的时候，有没有望而生畏的事情，觉得不可能做成，但是鼓起勇气加油干之后，不可能变成了可能？您想给当年的自己什么建议？

巴里什： 过去有个很大的问题，现在好多了，就是我太腼腆，各个方面都很腼腆。在脑海里我敢肆意驰骋，现实中却是吐字如金。好在后来小有成就，才建立起了足够的自信。很庆幸在选择的道路上获得了成功，有了底气跟信心。

您受到过冒充者综合征的困扰吗？

巴里什： 有过。跟你讲一个诺贝尔奖颁奖仪式上的小故事吧。总的来说，因为是国王颁奖，所以内心肯定惶恐。仪式快结束的时候，工作人员把我带到诺贝尔基金会那里，给我拍照用于官方宣传。之后工作人员递过来一本小书，皮制的封面。他们翻到其中一页，请我签个名。我肯定好奇，对吧。于是就往前翻，结果翻到了爱因斯坦和理查德·费曼的大名。我就感觉我怎么有资格在这上面签名！冒充者综合征我肯定有，而且在那一刻尤为明显。

几点心得

- 超导超级对撞机是物理学家在人类历史上的巅峰之作。试想一下，你终其一生打造的对撞机，却因根本无法掌控的懦弱政治原因被迫停建。大多数人遇到这种情况可能会一蹶不振。巴里什则是云淡风轻地说了一句："哦，接下来往哪儿走？"之后，巴里什有机会加入欧洲大型强子对撞机项目，该项目与超导超级对撞机类似，最终成功测量到了希格斯玻色子，所谓的上帝粒子。若是加入这一项目，巴里什几十年来积攒的技能正好派上用场。但他并未选择这条路，而是做了一个重大而冒险的决定：跳到一个截然不同的领域，研究起了 LIGO。其魄力令我钦佩不已。在巴里什那里，栽的跟头却成了翻身的好机会。

・在巴里什身上，我看到了打破常规的重要性，至少不要被常规所束缚。巴里什没有被旧工具的成功之法缚住手脚。此外，他也没有盲目采用现成体系，而是从自身需要出发，量身定制了一套管理体系。巴里什甚至不会循规蹈矩去当粒子物理学家。他启示我要用全新的眼光看待一切事物，包括我自己。

・本次访谈让我不禁思考，用局限的观点束缚自己会有怎样的后果。人们年纪越大，越会压抑内心的好奇。纠结自己有没有资格的时候，可能已经与成功渐行渐远。此外，思考过于保守会将丰硕的成果拒之门外。巴里什诉说着保持好奇、树立信心以及鼓励放手去冒险的重要性，言外之意是不这么做我们就会失去创造力。

总　结

有个流传已久的笑话是这么讲的：怎么知道一个科学家外向？和你说话的时候敢看你的鞋子。这个笑话我听过很多遍，虽然有点儿损，但自己也没少讲。事实真是这样吗？不一定。通过这本书，我希望能揭开科学家神秘的面纱。这一想法创作之初便有，因为科学家越是被当作遥不可及的天才膜拜，越不会有年轻人投身科研领域，尤其是女性、少数族裔和边缘群体。真是这样的话，我们将痛失下一位划时代的人物。

准备揭开几位科学家的神秘面纱时，我内心不免惶恐，生怕接下来的挑战自己招架不住。我原本以为，这些科学家能够获奖很大程度上是因为资源好加上运气好。书中很多科学家都曾就读于一流的中学。科研起步后，他们有时在恰当的时间出现在了恰当的地点，得以加入注定会拿诺贝尔奖的项目。倘若真是这样，那还有什么可向他们学习的呢？看似是在告诉读者如何像诺贝尔奖得主一样思考，其实跟教他们怎么赢彩票没什么两样。

一方面，几位科学家都坦言运气好是一部分，但同时也都展现出了科研精神，内心无比坚定，这足以证明仅有运气远远不够。俗话说得好，上天眷顾有准备之人。世人可能知道有这样一群科学家，或许偶尔还会心生嫉妒，但大多数人一直没有机会了解他们遇到过的困难，付出过的努力。

同样得过诺贝尔奖的艾略特曾将这一奖项比作通往葬礼的门票，"不论是谁，奖项到手便再无建树"。本书的几位科学家将这一说法推翻，他们得奖之后依旧跟随好奇心的指引，勇攀新的学术高峰。这启示我们所有人：不论过去多么辉煌，更精彩的永远在后头。

更为可贵的是，科学家们在谈论科研经历和取得的成就时，并没有高高在上，沾沾自喜。他们谦逊谦和的态度启迪着我们，我们要脑中有想法，脚下有行动。虽说无法复制他们的运气，但是可以学习他们的科研精神以及科研理念。字里行间科学家们都在向我们揭示一切成就的秘密武器，便是好奇心。

热情与好奇

"跟着热情走"是一条老生常谈的建议。在我看来，这一建议难以转化为行动。我觉得说这话的人只是在附和你谈的热情，想让对话快点结束。对方敷衍应付，这条建议不一定好。"跟着热情走"是让你把爱好变成职业。但若只有喜欢，事业无法长久。"跟着好奇心走"才更准确。书中的获奖者一次又一次地谈到过这条建议。

好奇心的驱使不同于某个爱好的驱使，好奇心定会让你探索得更加深入。对一件事有热情然后去研究，不过是为了体验多巴胺带来的快感。但如果打心底里感到好奇，就绝不依赖这点多巴胺了。好奇心触发的奖励机制更为持久，会让你更有韧劲。对事情有热情是很不错，你可能对许多件事都有热情。但在考虑选择何种职业、为后世留下何种成果时，要把时间和精力放在最为好奇的事情上。有好奇心从本质上看,是在承认某一课题上要学的还有很多。如果这份好奇能保持下去,就定然不会自以为是地认为自己是专家了。如果不把自己当成专家,就可能不会有冒充者综合征的困扰。

粉碎冒充者综合征

对于稍微了解物理,但主要是好奇的人来说,本书成了一本促进自我提升的书籍。书中的获奖者科研水平高,富有创造性,那些充满好奇心的人希望能通过阅读获奖者的故事让自己对更多的事物产生好奇。科学具有创造性,其实各行各业都有创造性,要是觉得所在的行业没有创造性,这本身就是一种冒充者综合征的体现,会限制自身发展。书中的获奖者探讨了创造性技能的重要性,例如交流技能和领导技能。他们的探讨提醒我们所有人,如果不具备自我表达的软技能,即使在某个领域首屈一指,也不会有人知晓理解自己的工作。

我对这些科学家"正常人"的一面了解得越多,越会看到他们的平凡。你我皆会经历的不安、挑战、困顿与惶恐，他们一样逃不掉。全书访谈接近尾声之时我才恍然大悟，这些大名鼎鼎的科学家，其实都觉得自己名不副实。即便诺贝尔奖已经收入囊中，很多人还是难逃冒充者综合征的困扰。

冒充者综合征体现的想法具有局限性。人们常说，仇恨好比饮下毒药，希望被毒死的是别人。冒充者综合征则像是饮下毒药，希望自己药到病除。这样的想法无疑会害了自己。本书让我找到了破解之法。

我发现有个矛盾的现象：事业刚起步的时候，没有人会注意到你，更不会觉得你是"冒充者"。因此事业起步时，要趁着默默无闻苦练技能。等你的技艺达到炉火纯青的地步时，要时常默默提醒自己：每个人都会自我怀疑，内心都会有"害了自己"的想法。必须要充分理解自己，超脱那些局限的想法。认为你是"冒充者"的只有你自己，不是你的大学老师、你的同伴、你的老板，更不是书中几乎都有同样困扰的诺贝尔奖得主。想到这些我便宽慰不少，希望也能让你释然。

致 谢

首先,我想向书中的九位物理学家表达诚挚的感谢,几位于百忙之中抽出时间与我畅谈自己的人生智慧和宝贵经验,让我有机会与全世界的读者分享。这九位物理学家分别是:亚当·里斯(Adam Riess)、巴里·巴里什(Barry Barish)、罗杰·彭罗斯爵士(Sir Roger Penrose)、卡尔·韦曼(Carl Wieman)、邓肯·霍尔丹(Duncan Haldane)、约翰·马瑟(John Mather)、雷纳·韦斯(Rainer Weiss)、谢尔登·格拉肖(Sheldon Glashow)和弗兰克·维尔切克(Frank Wilczek)。

2020年年末,我对巴里·巴里什进行了访谈,这一访谈彻底改变了我的人生,本书也应运而生。之前只是久仰巴里什的大名,如今能和这样一位伟人促膝长谈,这份恩情我将永远铭记在心。能与巴里什结为好友,还能请其为本书撰写推荐序，实乃三生有幸。这份感激之情绝非纸笔所能言尽。

奥尼·福克森（Yoni Falkson）、梅利莎·米勒（Melissa Miller）两位帮助我，对我尚不成熟的想法进行梳理，从中提炼出最具价值的内容以待阐释。

简·博登（Jane Borden）既当编辑，又当咨询师，而且还当治疗师。我不止一次想打退堂鼓，是她让我坚持了下来。博登各方面造诣都极高，担得起"诺贝尔耐心奖""诺贝尔项目管理奖"以及"诺贝尔勤奋奖"。我最大的心愿莫过于能继续创作《进入不可能：天才物理学家的软技能》这样的作品，如此一来便可以继续与博登合作。

在塔克·马克斯（Tucker Max）、梅根·麦克拉肯（Meghan McCracken）以及整个 Scribe Media 团队的努力下，本书才能从梦想变成现实。与各位度过的时光快乐而融洽，我对此感怀在心，是你们让本书得以问世。

雷·布劳恩（Ray Braun）用精美绝伦的插画，将原本超然物外的科学家活灵活现地呈现在读者面前。

斯图尔特·沃尔科（Stuart Volkow）是播客"进入不可能"的灵魂人物，来自加利福尼亚大学圣迭戈分校。同时，许多访谈也在这所学校进行。沃尔科专业技能过硬，充满好奇心，不放过每一个细节，他让每次的音视频访谈都成为一笔宝贵的财富。

Jay Wujun Yow 在看似毫无希望的情况下，帮助挽回了一些音频文件。

感谢提姆·费里斯（Tim Ferriss）的"导师部落"项目，本书从该项目中获得了极大的灵感。

感谢埃瑞克·韦恩斯坦（Eric Weinstein）为播客中的数位嘉宾准备问题，进行相关研究。韦恩斯坦让我明白，有的时候是获奖者给诺贝尔奖带来了荣光。

我的爱人萨拉（Sarah）一如既往地在各个方面都是我的得力助手。我不知道怎么报答，但会尽我所能去回报。受孩子们的影响，我的提问更为恰当，并且肯定不会回答，"因为我就是这么说的！"

最后，若是在促进提升方面也有大奖，詹姆斯·阿尔图切尔（James Altucher）定能轻松斩获。你激励我"选择自己"，创作《进入不可能：天才物理学家的软技能》，让我相信《进入不可能》是一座知识宝库，人们比以往任何时候都更需要。你既是科学家，也是探寻者。感谢在这颗淡蓝色的星球上，你愿意与我共度时光。目前难以实现的万物理论，某一天我们终会发现。该理论会让人类"跳线"，免于灭顶之灾。在万物理论实现之前，我会与你的洞见、智慧和慷慨为伴，成就更好的自己。

作者简介

布莱恩·基廷（Brian Keating）是加利福尼亚大学圣迭戈分校的杰出教授，著有200余份科学出版物，拥有两项美国专利，是畅销回忆录《失去诺贝尔奖》的作者。基廷曾在众多高校从事研究，如凯斯西储大学、布朗大学、斯坦福大学和加州理工学院。2007年小布什总统为其颁发美国青年科学家与工程师总统奖。基廷是美国物理学会会员，共同领导了智利的西蒙斯阵列和西蒙斯天文台宇宙学项目。同时基廷还是飞行员，以及美国黑人物理学家协会的终身荣誉会员。

发现可能性极限的唯一方法,就是冒险越过极限,进入不可能。

INTO THE IMPOSSIBLE

THINK LIKE A NOBELPRIZE WINNER

| DATE / NO. | TITLE |

SUMMARY

DATE / NO.   TITLE

SUMMARY

| DATE / NO. | TITLE |

SUMMARY

DATE / NO.   TITLE

SUMMARY

DATE / NO.	TITLE

SUMMARY

DATE / NO.　　TITLE

SUMMARY

DATE / NO.   TITLE

SUMMARY

DATE / NO. TITLE

SUMMARY

DATE / NO.　　　TITLE

SUMMARY

DATE / NO.   TITLE

SUMMARY

DATE / NO.　　TITLE

SUMMARY

DATE / NO.   TITLE

SUMMARY

DATE / NO.   TITLE

SUMMARY

DATE / NO.   TITLE

SUMMARY

DATE / NO.　　TITLE

SUMMARY

DATE / NO.	TITLE

SUMMARY

DATE / NO.	TITLE

SUMMARY

DATE / NO.   TITLE

SUMMARY

DATE / NO. | TITLE

SUMMARY

DATE / NO. | TITLE

SUMMARY

DATE / NO.   TITLE

SUMMARY

| DATE / NO. | TITLE |

SUMMARY

DATE / NO.   TITLE

SUMMARY

DATE / NO.	TITLE

SUMMARY

DATE / NO.　　　TITLE

SUMMARY

DATE / NO.   TITLE

SUMMARY

DATE / NO.	TITLE

SUMMARY

DATE / NO.   TITLE

SUMMARY

DATE / NO.   TITLE

SUMMARY

DATE / NO. TITLE

SUMMARY

DATE / NO.	TITLE

SUMMARY

DATE / NO.

TITLE

SUMMARY

DATE / NO.	TITLE

SUMMARY

DATE / NO.	TITLE

SUMMARY

DATE / NO.

TITLE

SUMMARY

DATE / NO.	TITLE

SUMMARY

DATE / NO.   TITLE

SUMMARY

DATE / NO.	TITLE

SUMMARY

DATE / NO.   TITLE

SUMMARY

DATE / NO.　　TITLE

SUMMARY

DATE / NO.   TITLE

SUMMARY

DATE / NO.   TITLE

SUMMARY

| DATE / NO. | TITLE |

SUMMARY

DATE / NO.   TITLE

SUMMARY

DATE / NO.   TITLE

SUMMARY

DATE / NO.	TITLE

SUMMARY

DATE / NO.   TITLE

SUMMARY

| DATE / NO. | TITLE |

SUMMARY

| DATE / NO. | TITLE |

SUMMARY

DATE / NO.	TITLE

SUMMARY

DATE / NO.   TITLE

SUMMARY

DATE / NO.　　TITLE

SUMMARY

DATE / NO. TITLE

SUMMARY

DATE / NO.　　TITLE

SUMMARY

DATE / NO.   TITLE

SUMMARY

DATE / NO.   TITLE

SUMMARY

DATE / NO.   TITLE

SUMMARY

DATE / NO.   TITLE

SUMMARY

DATE / NO. TITLE

SUMMARY

DATE / NO.　　　TITLE

SUMMARY

DATE / NO.   TITLE

SUMMARY

DATE / NO.	TITLE

SUMMARY